HEDDLUOEDD CANOLBARTH A GORLLEWIN CYMRU 1829-1974

THE POLICE FORCES OF MID AND WEST WALES 1829-1974

Cenedl heb hanes, cenedl heb galon

'A people without history, is not redeemed from time
for history is a pattern, of timeless moments'.
T. S. Eliot

Heddluoedd Canolbarth a Gorllewin Cymru 1829-1974

The Police Forces of Mid and West Wales 1829-1974

gan/by

Charles Griffiths

Curadur, Amgueddfa Heddlu Dyfed-Powys
Curator, Dyfed-Powys Police Museum

CYHOEDDWYR
DINEFWR
PUBLISHERS

Cyhoeddwyd ac argraffwyd ar ran Amgueddfa Heddlu Dyfed-Powys gan
Gwasg Dinefwr, Heol Rawlings, Llandybïe
Sir Gaerfyrddin, SA18 3YD

(h) 2004 (diwygiad 2008) Charles Griffiths

Eiddo Amgueddfa Heddlu Dyfed-Powys yw hawlfraint yr holl ffotograffau yn y llyfr hwn.

Cedwir pob hawl. Ni chaniateir atgynhyrchu unrhyw ran o'r cyhoeddiad hwn na'i gadw mewn cyfundrefn adferadwy na'i drosglwyddo mewn unrhyw ffurf na thrwy unrhyw gyfrwng, electronig, mecanyddol, llungopïo, recordio nac fel arall heb ganiatâd gan ddeiliad yr hawlfraint.

ISBN 978-1-904323-15-0

Published and printed on behalf of Dyfed-Powys Police Museum by
Dinefwr Press, Rawlings Road, Llandybïe
Carmarthenshire, SA18 3YD

© 2004 (revised 2008) Charles Griffiths

All photographs are either the Copyright of Dyfed-Powys Police Museum or Charles Griffiths.

All Rights Reserved. No part of this publication may be reproduced, stored in a retrieval system, or transmitted in any form or by any means, electronic, mechanical, photocopying, recording or otherwise, without the prior permission of the respective copyright owner.

Cynnwys

Mynegai i'r Lluniau	6
Rhagair gan y Cyn-ddirprwy Brif Gwnstabl, Barry Taylor, BA	7
Cyflwyniad	8
Y Dyddiau Cynnar	12
Yr Angen am Wasanaeth Plismona Rheoledig	16
Ffawd y Plismon	32
Naw Egwyddor Peel	38
Map o Ardal Heddlu Dyfed-Powys	40
Siart Hanes Heddlu Dyfed-Powys	42
Heddluoedd Fesul Bwrdeistref	44
Poster 'Gwobr am Wybodaeth'	66
Poster a noddwyd gan y cyhoedd	67
Lluniau	68-71
Heddluoedd Fesul Sir	72
Prif Gwnstabliaid	108
Celloedd a Thai Clo'r Heddlu	112

Contents

Plates Index	6
Foreword by the former Deputy Chief Constable, Barry Taylor, BA	7
Introduction	9
The Early Days of Policing	13
The Necessity for Regulated Policing	17
The Policeman's Lot	33
Peel's Nine Principles	39
Map of Dyfed-Powys Police Area	41
Dyfed-Powys Police Family Tree	43
Police Forces By Borough	45
Reward Poster	66
Publicly-sponsored poster	67
Photographs	68-71
Police Forces By County	73
Chief Constables	109
Police Cells and Lock-ups	113

Lluniau

Tudalen

Plât 1 68
Math o iwnifform a wisgwyd gan yr heddlu cynnar o 1829
Heddlu Sir Aberteifi, 1872
Heddlu Sir Drefaldwyn, *c.*1905
Bwrdeistref Caerfyrddin, 1910

Plât 2 69
Heddlu Sir Benfro, 1908
Heddlu Sir Frycheiniog, 1910
Heddlu Sir Faesyfed, 1925

Plât 3 70
Rhingyll L. Hughes, Cwnstabliaeth Sir Gaerfyrddin, 1860
Parêd Olaf Heddlu Sir Benfro, 1968
Capten R. A. Scott, Prif Gwnstabl Cyntaf Sir Gaerfyrddin, 1843-1875
Cofnod o Ddyddiadur Hysbysiadau Cyffredinol Scott, 1844

Plât 4 71
Ronnie 'Cadno' Harries yng Ngorsaf Heddlu, Sanclêr, 1953
Stiwdio Ffotograffig yn Rhes Wood, Caerfyrddin, 1942
Michal Onufrejczyk yn Llys Llandeilo, 1952

Plates

Page

Plate 1 68
Uniforms typical of the early police from 1829
Cardiganshire Police, 1872
Montgomeryshire Police, *c.*1905
Carmarthen Borough, 1910

Plate 2 69
Pembrokeshire Police, 1908
Breconshire Police, 1910
Radnorshire Police, 1925

Plate 3 70
Sgt L. Hughes, Carmarthenshire Constabulary, 1860
Last Parade of Pembrokeshire Police, 1968
Capt. R. A. Scott, Carmarthenshire's first Chief Constable, 1843-1875
Entry from Scott's General Orders Diary, 1844

Plate 4 71
Ronnie 'Cadno' Harries at St Clears Police Station, 1953
Photographic Studio in Wood's Row, Carmarthen, 1942
Michal Onufrejczyk at Llandeilo Courthouse, 1952

Rhagair

gan y cyn-Ddirprwy Brif Gwnstabl, Barry Taylor, BA

Yn ystod y 170 mlynedd diwethaf, ers i Peel sefydlu ei heddlu 'newydd' ym 1829, mae'r gwasanaeth plismona wedi gweld newidiadau di-ri, ac eto, rhan fechan yn unig yw'r cyfnod hwn yn hanes ein cenedl. Yn anffodus collwyd gwybodaeth, dogfennau ac arteffactau gwerthfawr oedd yn rhan o'r heddluoedd bychain hynny sydd bellach wedi diflannu yn sgil cyfuno ac ail-strwythuro ein heddlu ac mae trysorau unigryw ein treftadaeth plismona wedi eu colli am byth.

Yn y gyfrol hon, mae Charles Griffiths wedi llwyddo i grynhoi a disgrifio datblygiad y gwasanaeth plismona yng Nghymru ers y dyddiau cynnar. Yn ogystal, mae wedi crynhoi rhai ffeithiau hynod ddiddorol am hanes cymdeithasol yr hen heddluoedd hynny sydd bellach wedi ymuno dan faner Heddlu Dyfed-Powys.

Bydd nifer yn darllen y llyfr hwn allan o ddiddordeb syml yn y maes tra bydd y sgolor hanes yn gallu troi ato fel ffynhonnell wybodaeth werthfawr ar gyfer gwaith ymchwil academaidd ehangach. Gobeithir y bydd y gyfrol hon yn ennyn diddordeb pobl mewn cofnodi hanesion yr hen heddluoedd gwledig gynt a chyfrannu at yr archif a fydd yn ei dro yn gwella ein dealltwriaeth o wasanaeth sydd yn rhan anhepgor o'r cymunedau yr ydym yn byw ynddynt ac yn eu gwasanaethu.

Caerfyrddin 2007

Foreword

by the former Deputy Chief Constable, Barry Taylor, BA

Over the past 170 years or so, since the introduction of the 'new' police by Peel in 1829, the business of policing has seen many changes, yet this represents only a very small period of time in our national history. Sadly, valuable information, documentary material and other artefacts from many of the smaller and now defunct police forces absorbed following amalgamations and restructuring, have been lost, and irreplaceable elements of our policing heritage have gone forever.

In this volume, Charles Griffiths has captured and illustrated the development of policing in Wales since early times and catalogued fascinating elements of social history of those former police forces now making up the Dyfed-Powys Police.

I know that many will read this book out of general interest, while for the history scholar pursuing wider academic research, it will provide a valuable source of reference. Hopefully, it will encourage others to develop a more active interest in recording the history of these rural forces, contributing to this archive and adding to our understanding of a service that has formed a vital part of the communities in which we live and serve.

Carmarthen 2007

Cyflwyniad

Yn ystod y ddau Ryfel Byd, ceisiodd asiantau cyhoeddusrwydd Llywodraeth Prydain ddarbwyllo, annog neu hyd yn oed godi cywilydd ar ddynion ifanc i'w cael i ymuno â'r lluoedd rhyfela trwy gynhyrchu cyfres o bosteri ar hysbysfyrddau oedd yn arddangos lluniau a sloganau cynnil a llai cynnil eu natur. Ymhlith y rhain, roedd o leiaf un gyfres o bosteri yn cynnwys y cwestiwn *'What did you do in the war, Daddy?'*

Yn ystod y blynyddoedd diwethaf, mae penderfyniad y Swyddfa Cofnodion Cyhoeddus i gyhoeddi fwyfwy o wybodaeth yr arferid ei hystyried yn wybodaeth gyfrin, wedi ysgogi nifer o egin-ymchwilwyr i durio i hanes eu teuluoedd mewn ymdrech i ganfod, nid yn unig, yr hyn a wnaeth eu tadau adeg y rhyfel, ond hefyd yr amodau domestig, cymdeithasol ac economaidd a fyddai wedi llywio a dylanwadu ar 'ffordd o fyw' eu tadau a'u teuluoedd yn y cyfnod hwnnw.

Mae'r haneswyr teuluol hyn wedi sylweddoli ers cryn amser fod gwybodaeth am eu cyndadau, a arferai fod 'ar goll', i'w chanfod bellach yn archifau bythol gynyddol y Swyddfeydd Cofnodion Sirol a sefydliadau eraill, megis yr Heddlu. Yn wir, mae nifer yr ymholiadau a dderbynnir gan rai heddluoedd wedi codi'n drawiadol dros y blynyddoedd diwethaf ac, o ganlyniad, dodwyd pwysau cynyddol ar nifer ohonynt naill ai i sefydlu amgueddfa/archifdy o'r newydd neu i ehangu'r gwasanaethau oedd ganddynt eisoes.

I nifer o heddluoedd, arweiniodd hyn at amryw o anawsterau. Mae casglu, storio a gofalu am gasgliad o gofnodion a memorabilia yn ei hun yn dasg ddigon anodd yn enwedig pan nad yw'r adnoddau angenrheidiol ar gael, ond mae diogelu'r casgliadau hyn ac ymateb i'r ymholiadau niferus a dderbynnir yn galw am amser, llafur ac adnoddau ychwanegol nad oes gan y mwyafrif o heddluoedd y gallu na'r cyllid i'w darparu. Er gwaethaf yr anawsterau hyn, mae nifer o heddluoedd yn cydnabod bod ganddynt gyfrifoldeb neu rwymedigaeth anysgrifenedig i ddiogelu eu casgliadau hanesyddol er budd y cyhoedd ac, i'r perwyl hwn, maent yn ymdrechu i sicrhau bod y cyhoedd yn gallu cael mynediad i'r cyfoeth o ddeunydd sydd ganddynt yn eu meddiant.

O safbwynt curadur, mae'r anawsterau a brofir oherwydd diffyg adnoddau a chyllid – tra'n cynrychioli cryn her – yn rhai bychain o'u cymharu â'r trafferthion sydd wedi codi yn sgil y gair bach allweddol hwnnw – 'cyfuno'! Pan fydd dau heddlu neu fwy yn cyfuno, collir teyrngarwch lleol i'r heddlu newydd am fod aelodau'r hen heddluoedd a'r cymunedau a wasanaethid ganddynt yn teimlo nad yw'r llu newydd yn perthyn iddynt bellach. P'un ai yw hyn yn wir ai peidio, y canlyniad, heb os, yw bod nifer fawr o eitemau hanesyddolwerthfawr yn diflannu cyn unrhyw gyfuniad arfaethedig – naill ai wedi eu dinistrio ar orchymyn, wedi'u cadw gan unigolion fel momentos neu wedi mynd, rhywfodd, i gasgliadau preifat. Yma ac acw, achubwyd ambell gyfres o gofnodion gwerth chweil rhag mynd i abergofiant gan Archifdai neu Amgueddfeydd Sirol, ond ar y cyfan, maent wedi diflanu am

Introduction

During the First and Second World Wars, advertising agents for the British Government sought to induce, encourage and even embarrass young men into joining the war effort by means of billboard posters displaying a range of subtle and not-so-subtle pictures and slogans. Among these, at least one famous series of posters posed the question, *'What did you do in the war, Daddy?'*

In recent years, the release by the National Archives (formerly the Public Records Office) of more and more previously classified information into the public domain, has encouraged many budding researchers to delve into their family histories in an effort to uncover not only what Daddy did, but the domestic, social and economic conditions that dictated or contributed to the lifestyle in which he and his family found themselves.

Such researchers into family history have long realised that hitherto lost information relating to their antecedents can often be found in the growing archives of County Records Offices and organisations such as the police. Certainly, the rate of enquiries received by many forces has risen sharply in recent years, with the result that more and more of them are being urged to create or extend their museum/archive facilities and services.

For many forces, this poses a variety of difficulties. Collecting, storing and managing a collection of records and memorabilia can prove difficult enough without the necessary resources, but preserving collections and responding to the many enquiries received, requires time, effort and facilities for which the police are, generally, neither equipped nor funded. Despite these problems, many forces recognise that they have a responsibility or unwritten obligation in maintaining their historical collections for the greater public benefit, and accordingly, strive to provide some means whereby the public can view or access the wealth of material within.

From a curatorial point of view, the difficulties of resources and funding – while challenging – are as nothing compared to those resulting from the single word 'amalgamation'! History has shown us that, when two or more police forces are amalgamated, the sense of 'loss of local identity' to each force and the communities they served, seems to have engendered a diminished sense of loyalty to the new force. Whether or not this is true, the net result is that many items of historical value certainly disappeared prior to an amalgamation – destroyed en masse by order, retained by individuals as mementos, or otherwise finding their way into private collections. Here and there, a few worthy records have escaped oblivion by ending up in the various County Records Offices and Museums, but in the main they have gone forever. For the curator/archivist of a police museum, such losses are painful, and can make research embarrassingly difficult. Never-

byth. Mae bob curadur amgueddfa neu archifydd yr heddlu yn teimlo colledion felly i'r byw ac mae'r bylchau a adawyd ganddynt yn gallu gwneud gwaith ymchwil yn andros o anodd. Er gwaethaf yr anawsterau hyn, mae Heddlu Dyfed-Powys, yn ystod y blynyddoedd diwethaf, wedi sylweddoli gwerth ei greirfa i'r ardal leol ac wedi ymrwymo i ddiogelu ac ychwanegu at ei gasgliad – a ystyrir yn adnodd i'r heddlu cyfoes, yn gymorth addysgiadol i ysgolion, yn ffynhonnell wybodaeth ar gyfer ymchwil hanesyddol am yr heddluoedd a fu, ac yn archif bwysig i'r ardal yn gyffredinol.

Newydd ei sefydlu a bellach yn agored i'r cyhoedd (yn achlysurol trwy drefniad â'r curadur), un o brif amcanion Curadur Amgueddfa Heddlu Dyfed-Powys yw cyhoeddi'r llyfryn hir-ddisgwyledig (yn ôl rhai) hwn – Hanes yr Heddlu. Fel y mwyafrif o hanesion, ni fydd byth yn gyflawn oherwydd yr anawsterau a amlinellwyd eisoes ond, gobeithio y bydd y wybodaeth a gasglwyd yma yn rhoi cipolwg defnyddiol ar ddyddiau cynnar y gwasanaeth plismona yn gyffredinol ac, yn fwy arbennig, yn ardal Dyfed-Powys.

Daeth i'm sylw nifer o anghysonderau bychain a gododd wrth gyfieithu'r hanesyn hwn. Mae'n ffaith hynod ddiddorol (er na sonnir am hyn yn unman arall yn y testun) mai Saesneg oedd iaith swyddogol heddluoedd Canolbarth a De Orllewin Cymru ers eu dechreuad, waeth beth oedd iaith gyntaf y boblogaeth leol. Mae nifer fechan o eiriau ac ymadroddion megis 'Specials' a 'Thin Blue Line' yn hynod i'r Saesneg ac, o ganlyniad, yn anodd i'w cyfieithu. Defnyddiwyd Cwnstabliaid Gwirfoddol i gyfleu 'Special Constables' er nad oedd y 'gwirfoddolwyr' cynnar bob amser yn gweithio'n ddi-dâl fel y gwna ein cwnstabliaid gwirfoddol heddiw. Mewn rhai achosion penderfynwyd cadw'r termau Saesneg gwreiddiol rhag i ni golli'r ystyr yn llwyr – ac ymddiheuraf am hyn. Hoffwn ddiolch i Ms Bet Eldred am ei pharodrwydd i ymgymryd â'r gwaith o gyfieithu'r gyfrol, ei hymlyniad wrth y testun gwreiddiol a'i sirioldeb wrth i ni drafod a cheisio goresgyn yr anawsterau bychain hyn!

Dymuna'r curadur hefyd ddiolch i'r canlynol am eu cymorth hael, eu cefnogaeth a'u hanogaeth wrth iddo baratoi'r gyfrol hon:

Y Cyn-brif Gwnstabl, Mr T. Grange QPM, MSc; y Cyn-ddirprwy Brif Gwnstabl, Mr B. Taylor, BA; y Dirprwy Brif Gwnstabl/Prif Gwnstabl Dros Dro Mr A. Edwards, MSc, Dip.Trosedd; y Cyn-brif Arolygydd Iain Sewell; y Ditectif Arolygydd Ray Squires; Mr Mike Hughes (Cyn-swyddog Staff Cynorthwyol, ACPO); a Mr Dai Davies (Cyn-arolygydd a Swyddog y Wasg). I'r rhai a enwir uchod a nifer o unigolion eraill o fewn Heddlu Dyfed-Powys sydd wedi cymryd eu plagio ac wedi dioddef fy holl rwystredigaethau curadurol yn amyneddgar, hwylus a digynnwrf – diolch o galon i chi!

Yn ystod f'ymdrechion, bu nifer o gyn swyddogion yr heddlu yn gefnogol a pharod eu cymwynas a'r pennaf o'r rheiny oedd y Cyn-brif Arolygydd Roy Davies a'r diweddar Cyn-dditectif Brif Uwcharolygydd Pat Molloy – a roddodd llawer iawn o ddeunydd a gwybodaeth i mi. I'r ddau hyn ac amryw o bobl eraill y tu allan i'r gwasanaeth, hoffwn ddiolch yn ddiffuant iawn.

CHARLES GRIFFITHS *(Curadur)*
Amgueddfa Heddlu Dyfed-Powys, Y Pencadlys
Mawrth 2008

theless, and in spite of these difficulties, during the past few years Dyfed-Powys Police has recognised the value of its historical collection to the area it serves, and has committed itself to preserving and adding to the collection – as a force resource, an educational aid for schools, a source of information for historical research relative to those local constabularies now long gone, and as a repository of archive material that serves the region as a whole.

Now newly established and with limited opening to the public (by appointment with the curator), a primary objective of the Curator of Dyfed-Powys Police Museum has been the publication of this – some may say 'long overdue' – Force History. Like most histories, it can never be complete due to the problems outlined earlier, but it is hoped that the information it contains will give a general and positive insight into the early days of policing as a whole, and the Dyfed-Powys area in particular.

During the early stages of proofing this history, I have been made aware of a number of Welsh translation anomalies! It is both a curious and interesting fact (not mentioned anywhere else in the text) that since their inception, English was *de rigueur* for the police forces of Mid and South West Wales, whether or not Welsh was the local or favoured language. Many words and phrases such as 'Specials' and 'Thin Blue Line' are peculiarly English and, as I understand it, cannot be accurately translated. In some instances where it was felt that a translation might be totally lost, it has been decided – with apologies – to retain the English version for clarity. As a consequence, I am triply indebted to Ms Bet Eldred for her generous willingness to undertake the very difficult task of translation, her dedicated adherence to my text, and her cheerful demeanour when I found difficulty in explaining what I meant!

In producing this publication, the author would also like to thank the following for their most generous time, assistance, support and encouragement:

Former Chief Constable Mr T. Grange, QPM, MSc; Former Deputy Chief Constable Mr B. Taylor, BA; Deputy Chief Constable/Acting CC Mr A. Edwards, MSc, Dip.Crime; ex-Chief Inspector Iain Sewell, retired; Det. Inspector Ray Squires; ex-ASO ACPO, Mr Mike Hughes, retired; and former Inspector and Press Officer Mr Dai Davies, retired. To the above named and the many other members of staff within Dyfed-Powys Police who have borne my continual badgering and curatorial/archival frustrations with patience, good humour and equanimity – my sincerest thanks and appreciation.

During the course of my efforts, quite a few former officers have been most supportive and helpful, chief of these being ex-DCI Roy Davies, retired, and the late ex-Det. Ch. Supt. Pat Molloy – both of whom have provided much in the way of encouragement. To these and the many others within and outside the service, I offer my heartfelt thanks.

CHARLES GRIFFITHS *(Curator)*
Dyfed-Powys Police Museum, Headquarters
March 2008

Y Dyddiau Cynnar

Os am astudio hanes unrhyw heddlu ar draws Cymru a Lloegr, rhaid i'r myfyriwr brwd fynd yn ôl i wreiddiau'r codau cyfreithiol ysgrifenedig a'r weinyddiaeth a gychwynnodd tua 420 ar ddiwedd goresgyniad y Rhufeiniaid, yng nghyfnod y Brenhinoedd Sacsonaidd a Chymreig cynnar – Aethelberht (560-610); Alfred 'Fawr' (871-899); a Hywel Dda (c.904), i enwi ond ychydig. Gellir dadlau mai'r Brenin Edgar (tua 955) gyflwynodd y wir weinyddiaeth gyfreithiol gyntaf; rhannodd yntau'r tir a chyflwyno system weinyddol a elwid 'y Cantrefi a'r Trefi'. O dan y drefn hon, gwnaed mapiau o'r tir at bwrpas gweinyddol a threthiant. Byddai unrhyw un a dorrai'r gyfraith yr adeg honno yn ddarostyngedig i fympwy a hwyliau cyfnewidiol y werin leol a Phennaeth neu Henuriad y pentref.

Erbyn y Canol Oesoedd, roedd deddfwriaeth a gorfodaeth wedi dod yn elfennau canolog o'r frenhiniaeth a throsglwyddwyd y cyfrifoldeb amdanynt i Arglwyddi'r Maenordai, y Cynghorau Plwyf, y Meiri a'r Ynadon; ond yn 1285, datblygodd Edward I system gyfraith a threfn newydd, sef 'Gwylfa a Gward' (*Watch and Ward*), a welodd gyflwyno plismona sifil ar ei wedd mwyaf sylfaenol wedi'i seilio ar Wylwyr trefol a phentrefol.

O dan y drefn Gwylfa a Gward, awdurdodwyd y maer i gyflogi gwylwyr, nid yn unig i agor a chau'r pyrth ar doriad gwawr a machlud haul, ond hefyd i ddal drwgweithredwyr a'u dwyn gerbron y maer neu'r ynad a oedd yn gyfrifol am weinyddu cyfiawnder. Erbyn dechrau'r 16eg ganrif, roedd Hari'r VIII, trwy gyfrwng y Ddeddf Uno, wedi cyflwyno 'Siroedd' ledled Cymru gyfan; trosglwyddwyd llawer o'r cyfrifoldeb am gyfraith a threfn i siryfion lleol a gynorthwywyd gan ynadon heddwch anghyflogedig yn ogystal â chyrff goruchwyliol, yn cynnwys esgobion, barnwyr y brawdlys a chomisiynwyr.

Unwaith y flwyddyn, arferai pob Plwyf ethol aelod o'r gymuned yn Gwnstabl Plwyf. Byddai ei ddyletswyddau yn cynnwys arestio troseddwyr honedig a chyflwyno gwarantau. Yn ôl y mwyafrif o gofnodion, mae'n ymddangos bod y Cwnstabl neu'r Gwyliwr Plwyf yn perthyn, gan amlaf, i ddosbarth isaf cymdeithas; yn gyffredinol, roeddynt yn unigolion annysgedig ac anneallus a ystyriwyd yn anaddas ar gyfer unrhyw fath arall o waith. Heblaw am warchod porth y dref a chynnau goleuadau stryd, prin oedd eu cyfrifoldebau ac fe'i defnyddid gan y maer fel gweision bach i gasglu trethi a dyledion ac arestio unrhyw un a dorrai'r gyfraith. System ddigon cyntefig efallai ond, serch hynny, goroesodd y drefn hon, heb fawr o newid, hyd at ddechrau'r 19eg ganrif.

Ar ddiwedd Rhyfel Napoleon a chychwyn y Chwyldro Diwydiannol gwelwyd nifer o newidiadau demograffig mawr a arweiniodd at aflonyddwch gwleidyddol, economaidd a sifil. Tai annigonol, tlodi, clefyd, meddwdod, difreintedd cymdeithasol a'r agendor cynyddol rhwng y dosbarthiadau

The Early Days of Policing

To study the history of any police force in England and Wales, the serious student would, of necessity, have to go back to the very roots of written law-codes and administration that began with the ending of Roman occupation c420 and the earliest Saxon and Welsh Kings – Aethelberht (560-610); Alfred 'The Great' (871-899); and Hywel Dda (*c*.904), to name but a few. Arguably the first real system of legal administration was initiated by King Edgar (*c*.955), who introduced a form of land division and administration called The Hundreds (known in Wales as 'Cantrefi' and 'Trefi'), whereby land was plotted for the purposes of administration and taxation. Law-breakers at this time were doubtless subject to the whims and vicissitudes of the local populace, village Chief or Elder.

By the Middle Ages, legislation and its enforcement had become a central feature of the monarchy, the execution of which was passed to the Manor Lords, Parish Councils, Mayors and Magistrates; but in 1285, Edward I developed from The Hundreds, a new system of law and order called 'Watch and Ward' which introduced a most basic form of civil policing centred round the town or village watchman.

Watch and Ward gave authority for the mayor to employ watchmen – not only to open and close the gates at sunrise and sunset, but also to apprehend malefactors and bring them to the mayor or magistrate to administer justice. By the early 16th century, in his Act of Union, Henry VIII had introduced the 'Shires' throughout the whole of Wales, and much of the administration of law and order passed directly to local shire reeves (sheriffs) assisted by unpaid justices of the peace, and supplemented by a supervisory body of bishops, assize judges and commissioners.

Once a year, each Parish elected one in its community to be the Parish Constable, whose duties included arresting suspected criminals and serving warrants. From most accounts, it seems that the Parish Constable or Watchman was generally someone of low class, little education or intelligence, and someone generally unfit for any other kind of work. Apart from manning the town gate and maintaining the street lighting, he was often merely a tool of the mayor for collecting taxes and debts, with the added responsibility of arresting those who broke the law. Primitive, perhaps; nevertheless, it was a system that continued with little change right up to the early 19th century.

The end of the Napoleonic Wars and the beginning of the Industrial Revolution saw great demographical changes, with consequential political, economic and civil unrest. Inadequate housing, poverty, disease, drunkenness, social deprivation and disparity between the various classes brought with them a general increase in the breakdown of law and order. More often than not, the King's Writ – entailing the use of troops

cymdeithasol – rhai o symptomau'r cyfnod a arweiniodd at ddirywiad cyffredinol mewn cyfraith a threfn. Yn fwy aml na pheidio, deliwyd â phroblemau'r cyfnod trwy arfer Gwrit Frenhinol – a olygai galw ar y fyddin neu'r milisia i geisio adfer trefn a thawelu ymddygiad terfysglyd – digwyddiad a arweiniai bron yn ddieithriad at dywallt gwaed. Daeth yn amlwg bryd hynny bod angen corff lleol o swyddogion 'proffesiynol', rheoledig a disgybledig i gadw'r heddwch.

Ffrwyth dychymig y nofelydd a'r dramodydd, yr Ynad Heddwch Henry Fielding (1707-1754) oedd y corff cyntaf o'i fath – o leiaf yng Nghymru a Lloegr – sef y *Bow Street Runners*, a sefydlwyd ym 1748. Tra bod y syniad hwn wedi cael rhywfaint o lwyddiant yn yr ardal honno o Lundain, nid oedd yn ateb y broblem genedlaethol. Aeth y clod felly am greu'r heddlu gwirioneddol ddisgybledig a modern cyntaf i ŵr o'r enw Robert Peel (Syr Robert Peel, 1788-1850), aristocrat o Fanceinion a ddaeth yn Aelod Seneddol ym 1809 ac a addrefnodd Côd Troseddol Iwerddon ym 1811 tra'n Ysgrifennydd Gwladol dros y wlad honno. Ym 1822, yn rhinwedd ei swydd fel Ysgrifennydd Cartref, cyflwynodd Peel ei *Naw Egwyddor* enwog, a fu'n sail i Ddeddf yr Heddlu 1822. Esgorwyd ar y Gwasanaeth Heddlu modern pan basiwyd Deddf Heddlu Llundain ym 1829.

Ailadroddwyd llwyddiant Heddlu newydd Llundain yn fuan wedyn ym Manceinion a nifer o drefi eraill ledled Cymru a Lloegr. Fodd bynnag, bu'n rhaid pasio tair Deddf Lywodraethol newydd cyn y gwelwyd heddluoedd yn cael eu ffurfio ar hyd a lled y wlad. Y cyntaf o'r deddfau hyn oedd Deddf Diwygio Etholiadol 1832, a basiwyd i geisio goresgyn y llygredd a'r camddefnydd o bwerau gwleidyddol a oedd yn rhemp mewn nifer o ddinasoedd a threfi ledled y wlad. Yr ail oedd Deddf Corfforaethau Dinesig 1835 a fynnai bod y Bwrdeistrefi'n sefydlu heddluoedd a'u bod yn cael eu goruchwylio gan Bwyllgorau'r Heddlu (*Watch Committees*) – fodd bynnag, nid oedd pob bwrdeistref yn ddarostyngedig i awdurdod y Ddeddf ac, o ganlyniad, ni chafwyd cydymffurfiad llwyr. Y drydedd oedd Deddf Heddluoedd Sirol 1839, a awdurdododd Ynadon ac Ustusiaid y Llys Chwarterol i greu heddluoedd proffesiynol mewn ardaloedd gwledig o dan ofal Ynadon Heddwch y Sir.

Yn raddol – ac nid bob adeg heb wrthwynebiad lleol – rhwng 1829 a 1857, dechreuodd heddluoedd ymddangos ar hyd a lled y wlad – gan gynnwys Cymru. Mae Siart Achau (*gweler tud. 42*) yr heddluoedd a unwyd i greu Heddlu Dyfed Powys, yn adlewyrchu ymateb yr awdurdodau lleol cynnar i'r gwahanol Ddeddfau a basiwyd ers 1829, a'r heddluoedd hynny – Sir Gaerfyrddin, Sir Aberteifi, Sir Benfro, Sir Faesyfed, Sir Drefaldwyn, Sir Frycheiniog a'u Bwrdeistrefi perthnasol – yw sail yr hanesyn hwn.

or militia – was employed to quell disorder and riotous behaviour, with the inevitable consequences of blood being spilt; clearly from that time onwards, there was a need for a regulated, disciplined local body of 'professional' officers to maintain the peace.

The first such body – at least in England and Wales – was the brainchild of novelist, dramatist and Justice of the Peace, Henry Fielding (1707-1754), who in 1748 created the Bow Street Runners. While this was partly successful in a localized area of London, it did not answer the problem nationwide. The credit for the creation of a truly modern, disciplined police force thence fell to one Robert Peel (later Sir Robert Peel, 1788-1850), a Manchester aristocrat who, in 1809, became a Member of Parliament, and as Secretary for Ireland in 1811, reorganized the Irish Criminal Code. But it was as Home Secretary in 1822, he employed his famous *Nine Principles*, which became the basis for, and introduction of The Constabulary Act 1822. With the passing of the Metropolitan Police Act of 1829, the modern Police Force was born.

The success of the new London Metropolitan Police was followed soon after in Manchester and various other towns across England and Wales. However, it was three new Government Acts that set the trend for the formation of police forces nationally. The first of these was The Electoral Reform Act of 1832, which sought to combat the political corruption and control that ran rampant in many cities and towns throughout the country. The second was The Municipal Corporations Act of 1835, which required the establishment of police forces in Boroughs, under the supervision of Watch Committees – although not all boroughs came under the jurisdiction of the Act, and certainly not all complied with its provisions. The third was the County Police Act of 1839, which authorized the Magistrates and Justices in Quarter Sessions to create paid professional police forces in rural areas, and which would come under the control of the County Justices of the Peace.

Gradually – although not always without local opposition – between 1829 and 1857, police forces were springing up all over the country – and not the least in Wales. The Family Tree (*see page 43*) of those forces that have since been incorporated into what is now Dyfed-Powys Police give a good indication of the measure of response by early local authorities to the various Acts that came into being since 1829, and it is those forces – Carmarthenshire, Cardiganshire, Pembrokeshire, Radnorshire, Montgomeryshire, Breconshire, and their respective Boroughs, that form the basis of this history.

Yr Angen am Wasanaeth Plismona Rheoledig

Fel y mwyafrif o wledydd eraill yn y byd, o oes yr arth a'r blaidd tan y 1700au canol, roedd economi Prydain yn seiliedig ar gefn gwlad ac yn dibynnu ar amaethyddiaeth, ffermio a physgota i gynnal ei phobl. Er bod y fasnach dramor wedi bod yn datblygu ers dros ddwy ganrif, y frenhiniaeth a'r aristocratiaeth oedd wedi elwa yn sgil y twf hwn yn hytrach na'r bobl gyffredin a oedd, ar y cyfan, yn werinwyr neu daeogion syml a wasanaethai arglwyddi cyfoethog y maenordai.

Yn rhinwedd eu statws fel tirfeddianwyr ac aelodau o'r dosbarth bonedd, roedd gan yr arglwyddi hyn cryn ddylanwad, yn enwedig gan eu bod hefyd yn dueddol o ddal swyddi dylanwadol fel gweinidogion y llywodraeth, gweinyddwyr y cynghorau lleol ac ynadon. Ar yr amod eu bod yn cadw rheolaeth dros gyfiawnder lleol ac yn gweinyddu Cymorth y Tlodion, gallent ddibynnu ar daeogrwydd y werin bobl dan eu gofal. Doedd fawr o wahaniaeth gan y boblogaeth leol p'un ai Chwigiaid neu Doriaid oedd eu meistri gan fod y ddwy blaid wedi ymrwymo i gynnal i drefn gymdeithasol fel ag yr oedd.

Tua 1750, ar ddechrau'r Chwyldro Diwydiannol, gwelwyd newidiadau anferth i'r drefn gymdeithasol ym Mhrydain. O ganlyniad i'r fasnach dramor (mewnforio ac allforio fel ei gilydd) agorwyd y drysau i fentrau entrepreneuraidd preifat a gwelwyd cychwyn busnesau a chwmnïau mawrion. Er mwyn galluogi'r farchnad gartref i gystadlu yn erbyn nwyddau o dramor oedd bellach yn ymddangos ar y farchnad, roedd rhaid cynhyrchu mwy o nwyddau, gwella'r safon a chadw'r prisiau yn isel. Daeth yr ateb i'r her hon ar ffurf peiriannau.

Roedd Prydain yn ffodus bod ganddi gyfoeth o adnoddau naturiol oedd yn hawdd mynd atynt megis dŵr, coed, glo a haearn. Defnyddiwyd coed a glo i gynhyrchu pŵer i dwymo dŵr i greu stêm ac yn ei dro, defnyddiwyd y stêm i yrru olwynion a beltiau'r peiriannau a grëwyd i gynhyrchu a phrosesu glo, haearn, dur, gwlân, crochenwaith a miloedd o sgîl-gynhyrchion eraill. Cefnodd nifer fawr o weithwyr fferm tlawd ar eu bywydau syml yng nghefn gwlad a symud i'r ardaloedd diwydiannol newydd a oedd yn prysur ddatblygu ar hyd a lled De Cymru, Swydd Stafford, Swydd Gaerhirfryn a Chanolbarth Lloegr.

Credir bod y Chwyldro Diwydiannol wedi cael mwy o effaith ar bobl Prydain na holl ryfeloedd ac anghydfodau'r 1,500 o flynyddoedd cyn hynny. Arweiniodd y newidiadau a ddaeth yn sgil y Chwyldro Diwydiannol at gyfres o ddigwyddiadau, a fyddai yn eu tro, yn newid hanes gwleidyddol, economaidd, cymdeithasol a demograffig y wlad am byth.

Datblygodd nifer o'r ffatrïoedd a'r melinau newydd i fod yn ddim gwell na slafdai lle gweithiai crefftwyr a gweithwyr di-grefft ochr-yn-ochr. Peth digon cyffredin oedd gweld dynion, menywod a hyd yn oed plant yn gweithio am hyd at bymtheg awr y dydd, chwe diwrnod yr wythnos am gyflog

The Necessity for Regulated Policing

Like most other countries in the world from pre-history up to the mid-1700s, Great Britain was a rural economy, dependant on agriculture, farming and fishing to sustain its people. Although foreign trade had been developing for more than two centuries, the benefits of such trade were enjoyed more by the monarchy and aristocracy than the people, who, in the main were simple peasants or serfs under the control of wealthy manor lords.

As landowners and members of the aristocracy, the manor lords wielded powerful influences, particularly as they tended to be government ministers, local council administrators and magistrates. Provided they maintained control of local justice and the administration of poor relief, they could depend on a reasonably high degree of servility from the lower classes they controlled. Whether they held Whig or Tory leanings, it made little difference to the local populace, since both parties were committed to the maintenance of the existing class structure.

In Britain, the beginning of the Industrial Revolution *c.*1750 brought complete changes to the accepted way of life. Foreign trade – both importation and exportation – opened up the way for private entrepreneurial enterprise and the beginnings of business empires. In order to compete against foreign goods in the market place, it was necessary to produce goods of higher quality, in greater quantities, and at cheaper cost. The answer to the problem was machinery.

Britain was fortunate in having many natural and easily accessible resources such as water, wood, coal and iron. Wood and coal provided the power to heat the water; water produced steam; and steam drove the wheels and belts of the machines that had been invented to manufacture and process coal, iron, steel, wool, cotton, pottery and the thousands of related by-products. Many poor land workers, drawn by the prospects of higher wages, turned away from their petty rural existences and moved into the newly formed industrial areas that were sprouting up in Staffordshire, Lancashire, the Midlands and South Wales.

Perhaps more than all the wars and strife that had affected the British people in the previous fifteen hundred years, the Industrial Revolution wrought changes that, in their effect, would begin a chain of events that would, in time, alter the entire political, economic, social and demographic map of the country forever.

In many instances, factories and mills became nothing more than sweatshops for the skilled and non-skilled alike. Almost as standard practice, men, women, and even the youngest children laboured up to fifteen hours a day, six days a week for a pittance of a wage, often forced to live in inadequate hovels provided by their employers, and denied any basic rights of protest, strike action or membership of trade unions. Regularly working in unheated, ill-lit and un-

pitw. Yn aml, fe'u gorfodwyd gan eu cyflogwyr i fyw mewn hofelau hollol anaddas ac fe'u hamddifadwyd o'u hawliau sylfaenol megis yr hawl i brotestio, streicio neu ymuno ag undeb llafur. Gweithient o dan amodau aflan, heb olau na gwres digonol gan anadlu'r mwg drewllyd a chwydai allan o simneiau'r ffatrïoedd; roeddent yn byw mewn tlodi a budreddi, heb ymborth digonol, heb weld golau ddydd ac, o ganlyniad, roedd clefydau ac afiechyd yn rhemp. Heb hawliau cyflogaeth na sicrwydd cyflog, byddai unrhyw un oedd yn methu gweithio oherwydd salwch yn colli ei waith. Os meiddient wrthryfela yn erbyn y gamdriniaeth hon, nid peth angyffredin fyddai galw ar y lluoedd arfog neu'r milisia i dawelu'r aflonyddwch.

Mewn gwrthgyferbyniad llwyr, roedd nifer o berchenogion ffatrïoedd yn ychwanegu at eu cyfoeth yn ddyddiol, yn byw bywydau gymharol foethus a, thrwy fanteisio ar eu cysylltiadau â gwleidyddion dylanwadol, yn sicrhau swyddogaethau pwerus a dylanwadol yn eu cymunedau.

A hwythau'n teimlo'n rhwystredig oherwydd eu methiant i ddarparu ar gyfer eu teuluoedd a chael deupen llinyn ynghyd, does ryfedd bod nifer o'r 'werin' wedi troi at droseddu. Roedd marchnadoedd prysur yn demtasiwn i fân-ladron a phigwyr pocedi; siopwyr a dynion busnes a âi allan ar eu pennau eu hunain yn denu gangiau o ladron; teithwyr yn darged i ladron pen-ffordd; siopau, swyddfeydd, tai preifat a ffatrïoedd yn denu byrgleriaid; targedwyd yr ardaloedd gwledig gan ysbeilwyr defaid a gwartheg, a datblygodd tafarndai yn gyrchfannau i feddwon, cnafon a phuteiniaid.

Os gwelid y troseddwr yn cyflawni'i anfadwaith, byddai o bosib yn destun 'Gwaedd ac Ymlid' a disgwylid i bob dinesydd ymuno yn yr helfa i ddal a chadw'r drwgweithredwr (nid yn annhebyg i'r hyn a elwir heddiw yn 'Arést gan Ddinesydd') hyd nes y deuai Cwnstabl neu Warchodwr y Plwyf. Roedd gan yr Ynad lleol (neu'r Ustus, fel y'i galwyd bryd hynny) awdurdod llwyr – o fewn statudau'r cyfnod – i weinyddu pa bynnag gosb a fynnai. Gallai hynny olygu cyfnod yn y carchar (â llafur caled pe dymunai), curfa dda, neu gyfnod ar y felin draed. Gallai orchymyn diwrnod yn y cyffion neu alltudiaeth i Awstralia ac nid oedd gwahaniaeth p'un ai oedd y drwgweithredwr honedig yn ddyn, menyw neu'n blentyn, neu yn hen, sâl neu ffiledig; yn y pen draw, penderfynai'r ynad y gosb yn ôl ei fympwy. Ni allai troseddwyr a euogfarnwyd – yn enwedig llofruddwyr, ysbeilwyr da byw, terfysgwyr na'r rhai a ganfuwyd yn ymwneud â dewiniaeth – ddisgwyl dim llai na chael eu crogi mewn man cyhoeddus.

Mae ymchwilio i natur fympwyol dedfrydau'r cyfnod y tu hwnt i gwmpas y llyfr hwn ond mae'r enghreifftiau hyn a ddaw o Gofnodion Sir Benfro yn rhoi darlun da o'r cosbau a weinyddwyd:

1817. Cafwyd James Allen yn euog o dorri i mewn a dwyn eitemau arian. Dedfryd – ei grogi.

1817. Euogfarnwyd Hannah Davies am ddwyn peisiau a John Allen am ddwyn hwrdd gwerth 15 swllt. Dedfrydwyd y ddau i farwolaeth.

1834. Cafwyd James Lewis yn euog o ddwyn ceffyl a

hygienic conditions; breathing the noxious fumes that belched continuously from the factory chimneys; living in conditions of squalor, with poor diet and lack of adequate sunshine, disease became rampant. With no employment rights or wage protection, they lost their jobs when they became too ill to work. When they revolted against any form of exploitation, the military or militia was, on occasion, likely to be called in to quell disturbances.

By contrast, many factory owners were getting wealthier by the day, living in comparative luxury, and acquiring positions of great power and influence via their connections with equally influential politicians.

Desperate to provide for their families and to make ends meet, it is little wonder that many of the 'lower classes' took to crime. Busy market places attracted petty thieves and pickpockets; the lone shopper or businessman attracted individual or gangs of robbers; travellers attracted highwaymen; shops, offices, private houses and factories attracted burglars; rural areas became the target for sheep and cattle rustlers; and inns and taverns became the focal points for just about every class of drunkard, rogue and prostitute.

When spotted in the act, the criminal might be subjected to the Hue and Cry – a system whereby every citizen was expected to take up the chase to catch and hold onto the perpetrator (what we now term Citizen's Arrest) until such time as the Parish Constable or Watchman arrived. The local magistrate (or Justice, as he was known at that time) had total authority – within the statutes of the day – to administer whatever punishment he chose; this might be a term of imprisonment with or without hard labour, a sound flogging, or a period of time on the treadmill. It might be a day in the stocks or transportation to Australia, and it made no difference whether the 'suspected' perpetrator was a man, woman or child, nor if he or she was elderly, ill or infirm; at the end of the day, the magistrate decided the punishment as he saw fit. Convicted felons – especially murderers, rustlers, rioters and those caught dabbling in witchcraft – could often expect no less than a public hanging.

To research the arbitrary nature of sentencing is beyond the scope of this book, but a few examples from the Pembrokeshire Records should give a fair idea of what was often meted out:

1817. James Allen found guilty of Breaking & Entering and stealing a quantity of silver. Sentence – Death by hanging.

1817. Hannah Davies convicted of stealing petticoats, and John Allen for stealing a ram valued at 15 shillings. Both sentenced to death.

1834. James Lewis found guilty of stealing a horse, and William Rees found guilty of stealing £5. Both sentenced to transportation beyond the seas for the term of their natural lives.

1836. James Davies found guilty of feloniously killing

William Rees yn euog o ddwyn £5. Dedfrydwyd i ddau i gael eu halltudio dros y môr am oes.

1836. Cafwyd James Davies yn euog o ladd Thomas Ebsworth yn ffeloniaethus ac fe'i alltudiwyd dros y môr am gyfnod o 14 mlynedd.

Gellir dweud bod y chwyldro diwydiannol a gwleidyddiaeth yr oes wedi bod yn gyfrifol am ddadleoli miloedd o deuluoedd a chreu'r amodau a oedd yn galluogi tlodi, afiechyd, anhrefn cyhoeddus, troseddu a llygredd i ffynnu. Yn aml, byddai'r gorthrwm a'r anghyfiawnder a ddioddefwyd gan y werin yn arwain at anhrefn cyhoeddus, streiciau anghyfreithiol a therfysg o'r fath ddifrifoldeb fel y gelwid ar y lluoedd arfog neu'r milisia i dawelu'r sefyllfa. Roedd y rhain eu hunain yn cael eu rheoli gan y lleiafrif breintiedig ac, arweiniau'r sefyllfaoedd hyn, bron yn ddieithriad, at dywallt gwaed.

Felly, yn erbyn y cefndir hwn ac mewn ymgais i drechu'r gangiau a grwydrai strydoedd Llundain yn 1748, recriwtiodd Henry Fielding y chwe chwnstabl llawn amser, cyflogedig cyntaf. Yn wreiddiol, rhoddwyd iddynt yr enw *'Mr Fielding's People'*, ond daethant yn fwy hysbys fel y *'Bow Street Runners'*. Yn sgil eu llwyddiant, ehangwyd y cynllun ac erbyn troad y ganrif roedd deg a thrigain o *'Runners'*. Ym 1805, ymunodd mintai o gyn filwyr y cafalri â nhw – y *Bow Street Horse Patrol*, sef llu arfog a wisgai iwnifform. Oherwydd eu gwasgodau coch llachar, enillodd y rhain y ffugenw *'The Redbreasts'*.

Erbyn 1820, roedd nifer swyddogion y llu cyfunol wedi cynyddu ac yn mwynhau cryn lwyddiant wrth ddelio â gangiau o ladron a lladron pen-ffordd. Serch hynny cafwyd gwrthwynebiad chwyrn gan y cyhoedd i'r cynllun i sefydlu heddlu ffurfiol. Roeddynt, yn naturiol ddigon, yn ofni gweld peiriant gorthrwm arall yn cael ei sefydlu – ar ffurf gwladwriaeth heddlu. Ond, ym 1822, cyflwynodd Robert Peel, yr Ysgrifennydd Cartref newydd, Ddeddf yr Heddlu, oedd yn seiliedig ar ei 'Naw Egwyddor' (*gweler tud. 38*). Ym 1829, cyhoeddodd Peel Ddeddf Heddlu Llundain a baratôdd y ffordd ar gyfer ffurfio'r heddlu rheoledig cyntaf – Heddlu Metropolitan Llundain. Yn nes ymlaen yn yr un flwyddyn, sefydlwyd Heddlu Dinas Manceinion ac, yn ddiddorol, Heddlu Bwrdeistref Aberhonddu, yma yng Nghymru. Sefydlwyd yr olaf o'r rhain, bron yn ddi-os, oherwydd bod Aberhonddu yn dref garsiwn ac yn gartref i Gyffinwyr De Cymru ac, yn yr un modd â threfi gariswn eraill ledled y wlad, roedd Aberhonddu wedi ennill enw gwael iawn am ysgarmesau meddw ymhlith y milwyr!

Yn draddodiadol, roedd Gorllewin Cymru yn ardal amaethyddol gyda'r pwyslais ar ffermio gwartheg a defaid. Yn wir, erbyn dechrau'r 19eg ganrif, roedd y porthmyn Cymreig yn gyrru tua 30,000 o dda byw trwy sir Gaerfyrddin i farchnadoedd Lloegr bob blwyddyn ac, erbyn 1829, roedd siroedd Caerfyrddin a Cheredigion wedi datblygu'n gartref i'r diwydiant gwlân Cymreig a gwelwyd ffatrïoedd yn ymddangos mewn nifer o bentrefi ar hyd a lled yr ardal. Roedd y diwydiant glo yn ei anterth yng nghymoedd y Rhondda a Merthyr a gorlifodd y ffyniant hwn, er ar raddfa lai, i orllewin Cymru. Yn ystod y Chwyldro Diwydiannol, datblygodd tref Caerfyrddin i fod yn un o'r canolfannau masnachu pwysicaf yng

Thomas Ebsworth was sentenced to transportation beyond the seas for 14 years.

Industrialisation and politics, and the way they operated as a whole, could therefore be said to have been responsible for the displacement of many thousands of families, and creating the conditions where poverty, ill health, civil disorder, crime and corruption could – and did – flourish. The general feeling of oppression and injustice of the lower classes frequently resulted in civil unrest, illegal strike actions and rioting to such a degree that the military or militia – themselves governed by privileged elite – was called in, with the almost inevitable consequence of bloodshed.

So it was against this background, in an attempt to combat the gangs that roamed London's streets in 1748 that Henry Fielding recruited the first six men to be paid as regular constables. Initially, they were known as 'Mr Fielding's People', but became better known later as the Bow Street Runners. Their successes encouraged expansion, and by the turn of the century they had become seventy in number. In 1805, they were joined by a troop of armed and uniformed ex-cavalrymen who were given the name Bow Street Horse Patrol – nicknamed 'The Redbreasts' on account of their bright red waistcoats.

By 1820 however, although the combined forces had swelled in numbers and been successful in dealing with gangs of robbers and highwaymen, the authorities met with fierce opposition from the public against the setting up of a formalised police force. Not unnaturally, they were fearful of yet one more means of oppression – in the form of a police state. But in 1822, the new Home Secretary Robert Peel introduced the Constabulary Act of 1822, based on his 'Nine Principles' (*see page 39*). In 1829, his Metropolitan Police Act paved the way for the first regulated police force – the London Metropolitan Police. Manchester City Police and, curiously, Brecon Borough Police in Wales followed suit in the same year. This latter was almost certainly due to the fact that Brecon was a garrison town – home of the South Wales Borderers; and garrison towns were notorious throughout the country for drunken troop punch-ups!

West Wales had traditionally been farming country with emphasis on cattle and sheep. Indeed, by the beginning of the 19th century, Welsh drovers were driving some 30,000 cattle each year through Carmarthenshire to the English markets; and by 1829, the counties of Carmarthenshire and Cardiganshire had become the home of the Welsh woollen industry, with mills in almost every village. Although only a small proportion of it occurred in West Wales, coal mining had become a major industry in the Rhondda and Merthyr valleys, but it was the town of Carmarthen that, during the Industrial Revolution, became probably the most important centre in the Principality for trade, and along with that, a particular notoriety for political, legal and administrative corruption.

The oldest town in Wales, Carmarthen had been the commercial and administrative centre for the ancient regions of

Nghymru ac, yn sgil hynny, enillodd enw gwael iddi ei hun am lygredd gwleidyddol, cyfreithiol a gweinyddol.

Caerfyrddin oedd y dref hynaf yng Nghymru a bu'n ganolfan fasnachol a gweinyddol ar gyfer rhanbarthau hynafol y Deheubarth a Dyfed ers ymhell cyn cyfnod y siroedd. Er mai tref fach oedd hi ym 1800, roedd ganddi boblogaeth o tua 5,500, sef pum gwaith cymaint â Chaerdydd a oedd fawr mwy na phentref yr adeg honno. Roedd y porthladd arforol ar yr Afon Tywi yn trafod mwy o nwyddau nag unrhyw borthladd arall yng Nghymru ac roedd diwydiannau adeiladu llongau, haearn a thunplat llewyrchus iawn yn y dref. Serch hynny, tref farchnad brysur oedd hi'n bennaf a medrai frolio'r farchnad anifeiliaid fwyaf namyn tair yn unlle ym Mhrydain. Deuai llif cyson o ffermwyr, porthmyn, morwyr, pysgotwyr, dynion cwrwg, siopwyr, masnachwyr, llafurwyr a theithwyr i'r dref ac, yn sgil hynny, agorwyd rhwng 130 a 150 o dafarndai, gwestai, lletyau a diotai er mwyn diwallu eu hanghenion.

Ar ddechrau'r 19eg ganrif, wrth i'r byd diwydiannol ehangu, lledaenodd llygredd gwleidyddol i'r fath raddau nes iddo esgor ar anfodlonrwydd sifil, a arweiniodd yn ei dro at anhrefn sifil a therfysgaeth bron ar hyd a lled y wlad – ac nid oedd Caerfyrddin ar ei hôl hi yn hyn o beth.

Ni wyddom yn iawn pryd y sefydlwyd heddlu 'anrheoledig' cynnar Caerfyrddin ond, yn sicr, roedd yr hen system 'Gwylfa a Gward' yn weithredol tan 1831, pan ddaeth dyn o'r enw John Lazenby o Heddlu Llundain adeg yr etholiad i geisio trechu'r terfysgwyr ac adfer trefn. Yn ystod y flwyddyn olynol, daeth y Ddeddf Diwygio Etholiadol i rym a phenodwyd Lazenby yn Brif Gwnstabl. Ym 1836, cafodd Heddlu Bwrdeistref Caerfyrddin ei sefydlu'n ffurfiol a diswyddwyd Lazenby.

Mae gan heddlu Caerfyrddin hanes cyfoethog a lliwgar oherwydd cyfrannodd nifer o'r digwyddiadau a'r gweithgareddau y bu llywodraeth, bwrdeiswyr, barnwyr, rheithgorau, heddlu a cheidwad carchar y dref yn gysylltiedig â nhw, yn uniongyrchol at Ddeddf Corfforaethau Dinesig 1835. Pasiwyd y ddeddf hon o ganlyniad i adroddiad damniol gan Gomisiwn Seneddol am Gorfforaethau Dinesig a gyfeiriai at Gaerfyrddin fel hyn:

'The municipal government of Carmarthen is mainly carried on for political purposes and with a view to securing the political interests of the prevailing party. This object is pursued throughout: in the election of Mayor, Sheriffs and Common-councilmen; in the appointment of Gaoler, Constable and Bellman; in the choice of Magistrates and Juries; in the application and management of the Corporation funds'.

Fel y dywed y diweddar awdur a chyn Dditectif Brif Uwcharolygydd Pat Molloy:

'. . . Carmarthen, the most turbulent town in Wales, was as wild as any frontier town of the American west and run by one of the most corrupt municipal administrations in the Kingdom; [at a time[1]*] when destitution and disease*

---

1. Italig yr awdur.

Deheubarth and Dyfed – long before the Shires were born. Although only a small town in 1800, its population of around 5,500 was five times that of Cardiff, which was little more than a village; its maritime port on the River Towy handled more tonnage than any other port in Wales; and it had its own thriving shipbuilding, iron and tinplate industries. Nevertheless, it was primarily a busy market town, having the fourth largest cattle market in Britain. With a constant stream of farmers, drovers, seamen, fishermen, coraclemen, shopkeepers, tradesmen, labourers and itinerants finding their way into the town, some 130 to 150 taverns, inns, hostelries and ale-houses sprang up to cater for them.

As industrialisation grew, and the first few years of the 19th Century unfolded, political corruption had become so widespread, that almost nationwide, civil discontent developed into civil disorder and rioting – and not the least in Carmarthen.

It is not known exactly when Carmarthen's early 'unregulated' police was established, but the old 'Watch and Ward' system was certainly in operation up until 1831, when one John Lazenby of London's Metropolitan Police arrived to take control during the election riots. The following year saw the introduction of the Electoral Reform Act, and Lazenby was appointed Chief Constable. In 1836, Carmarthen Borough Police was formally established, and Lazenby was sacked.

The story of Carmarthen's police is as rich a history as is possible to find, because the events in which the town's government, burgesses, judges, jurors, gaoler and police became involved, directly contributed to the passing of the Municipal Corporations Act 1835. This derived from a damning report by a Parliamentary Commission on Municipal Corporations, which stated:

> 'The municipal government of Carmarthen is mainly carried on for political purposes and with a view to securing the political interests of the prevailing party. This object is pursued throughout: in the election of Mayor, Sheriffs and Common-councilmen; in the appointment of Gaoler, Constable and Bellman; in the choice of Magistrates and Juries; in the application and management of the Corporation funds'.

As the late author and former Detective Chief Superintendent Pat Molloy succinctly put it:

> '. . . Carmarthen, the most turbulent town in Wales, was as wild as any frontier town of the American west and run by one of the most corrupt municipal administrations in the Kingdom; [at a time[1]] when destitution and disease plagued its labouring classes, and when a rioting mob was more likely to face a cavalry charge than a line of policemen'.

And cavalry charges there were, despite Electoral Reform Acts, Municipal Corporations Acts and Constabulary Acts; and they continued in Carmarthenshire, Cardiganshire, Pem-

---

1. Author's italics.

plagued its labouring classes, and when a rioting mob was more likely to face a cavalry charge than a line of policemen'.

Ac, er gwaethaf y Deddfau Diwygio Etholiadol, y Deddfau Corfforthaethau Dinesig a Deddfau'r Heddlu, parhaodd cyrchoedd y cafalri; ac, yn sgil terfysgoedd Rebecca, parhau a wnaethant yn Sir Gaerfyrddin, Sir Aberteifi a Sir Benfro a hyd yn oed cyn belled i'r gogledd â Sir Drefaldwyn hyd at 1843.

Deuai'r mwyafrif o'r recriwtiaid o'r 'dosbarthiadau isaf' ac, o gofio nad oedd addysg ffurfiol yn orfodol yn y cyfnod hwn, does dim rhyfedd nad oedd safon addysg y swyddogion heddlu fawr gwell nag aelodau'r gymuned a wasanaethid ganddynt. O edrych ar y llyfrau nodiadau sydd wedi goroesi, gellir gweld nad oedd llythrennedd yn un o hanfodion y swydd! Yn gyffredinol, os oedd ymgeisydd yn weddol ffit ac iach a bod ganddo rywun oedd yn fodlon tystio i'w enw da, fe'i derbyniwyd yn swyddog-ar-brawf. Yn anffodus – fel y dengys y cofnodion – nid oedd atgasedd tuag at alcohol yn un o rinweddau amlycaf y Cwnstabliaid cynnar – a chostiodd eu gwendid yn ddrud i nifer ohonynt!

Yn gyffredinol felly, gellir dweud bod yr heddluoedd rheoledig cyntaf – yr Heddluoedd Bwrdeistrefol – wedi'u sefydlu yn erbyn cefndir cymdeithasol difreintiedig, gorthrwm diwydiannol a gwleidyddol a llygredd gwleidyddol. Mae'r ffaith eu bod wedi'u sefydlu o gwbl yn wyneb cybyddod dinesig y cyfnod (gwrthodai'r llywodraethau lleol dalu am ddynion ac offer) a gwrthwynebiad y gymuned (a ofnai orthrwm pellach) yn dystiolaeth gadarn o awydd y llywodraeth a'r boblogaeth yn gyffredinol i gael gwasanaeth heddlu diduedd ac amhleidiol a oedd wedi ymrwymo i sicrhau chwarae teg, cyfiawnder a chyfraith a threfn.

Pan basiwyd Deddf Heddluoedd Sirol 1839, cafodd yr heddluoedd bwrdeistrefol eu hategu neu, mewn rhai achosion, eu disodli gan yr heddluoedd sirol newydd a aeth â'r gwasanaeth plismona y tu hwnt i ffiniau'r trefi i'r broydd gwledig. Mewn sawl achos, profodd hwn yn gam amserol iawn, os braidd yn annigonol. Er enghraifft, yn Ne Orllewin a Chanolbarth Cymru, dyma gyfnod Terfysgoedd y Tollbyrth a gyrhaeddodd eu hanterth gydag ymgyrchoedd 'Beca a'i Merched'. Roedd hwn yn gyfnod cythryblus a brawychus yng nghefn gwlad wrth i'r protestwyr ymosod ar dollbyrth a'u dinistrio, gan ddial ar unrhyw un a fyddai'n eu gwrthwynebu. Yn anffodus, nid oedd yr heddlu wedi'u hyfforddi na'u paratoi i ddelio â therfysgaeth ar y fath raddfa ac, o ganlyniad, fel y dywedwyd yn gynharach, bu rhaid galw ar y lluoedd arfog a'r milisia i'w cynorthwyo.

Rhaid cofio na dderbyniai swyddogion heddlu'r cyfnod hwn unrhyw hyfforddiant ffurfiol neu safonol. Ffurfiwyd asgwrn cefn y mwyafrif o heddluoedd gan nifer fach o gynfilwyr tra roedd gweddill y swyddogion wedi'u recriwtio o blith y werin – masnachwyr, docwyr, llafurwyr, ac ati. Roedd gan bob heddlu ei lawlyfr Rheolau a Rheoliadau a oedd yn cynnwys y codau disgyblaeth ac ymddygiad ynghyd â'r gosb am beidio â chydymffurfio â nhw! I bob pwrpas, 'ymarfer-yn-y-swydd' oedd yr unig 'hyfforddiant' a gâi'r swyddogion ac, am tua'r flwyddyn gyntaf, ystyriwyd y cwnstabl cyffredin yn

brokeshire and even as far north as Montgomeryshire as late as 1843 in connection with the Rebecca Riots.

Recruited mainly from the 'lower classes' (and bearing in mind that formal education had not yet been made compulsory), it is hardly surprising that the education of many of those early policemen was no better than those in the communities they served. As can be seen from the various notebooks that have survived, literacy was not high on the Conditions of Service agenda! As a general rule of thumb, providing the applicant was reasonably fit and healthy, and could produce testimonials to his good character, he could be accepted as a probationary policeman. Unfortunately – as records show only too well – an aversion to alcohol was not a precondition of service that figured on many a PC's agenda – as many found to their cost!

Generally speaking, it may therefore be said that the first regulated police forces – Borough Police – had been raised against a background of social deprivation, industrial and political oppression and political corruption. The fact that they were raised at all in the face of municipal parsimony (local government unwilling to pay out for men and equipment) and civilian opposition (fear of further oppression) surely stands as a testament to the needs of the government and populace as a whole, for an unbiased and impartial police service dedicated to the maintenance of fair play, justice, law and order.

With the passing of the County Police Act of 1839, borough forces were supplemented, and in some cases superseded by the new county forces, which took policing beyond the confines of the towns and into the more rural heartlands. In many instances this proved timely, if frequently inadequate. In South, West and Mid Wales for example, the Toll Gate Riots that culminated with the appearance of 'Rebecca and her daughters' brought a period of terror to the countryside, as tollgates were attacked and destroyed along with anyone putting up resistance. Unfortunately, the police were neither trained nor equipped to handle this widespread form of terrorism, and the net result was that – as stated earlier – the militia and army often had to be called in.

It should be understood that at this time there was no formal or standardised training for policemen. For many forces, the backbone was generally a small core of ex-military men, with the remainder made up from what was labelled the 'lower classes' of society – tradesmen, dockers, labourers &etc. Each force had its own Rules and Regulations handbook, which set out the codes of discipline and conduct, and the penalties for non-compliance! To all intents and purposes, 'training' was simply 'on-the-job', and for his first year or so, the humble constable was classed as a probationer. Providing he carried out his duties during that period to the satisfaction of his superiors, he could then be promoted initially to Constable 2nd Class, and subsequently to Constable 1st Class. In Carmarthen, a probationer could expect a weekly wage of eighteen shillings (90p). In Cardigan, the wage was only fourteen shillings (70p)! Not surprisingly, there were quite a few Cardiganshire Bobbies who applied for transfer!

When the first Chief Constables were appointed and began raising their virgin forces, there were, of course, no such things

swyddog-ar-brawf. Dim ond iddo gyflawni ei ddyletswyddau wrth fodd yr uwch swyddogion, câi ei ddyrchafu'n Gwnstabl o'r 2il Ddosbarth yn y lle cyntaf ac yna'n Gwnstabl Dosbarth 1af. Yng Nghaerfyrddin, roedd swyddogion-ar-brawf yn cael cyflog wythnosol o ddeunaw swllt (90c). Yn Aberteifi dim ond pedwar swllt ar ddeg (70c) oedd eu cyflog! Does ryfedd felly fod nifer o Bobis Aberteifi wedi gwneud cais i symud i Sir Gâr!

Adeg penodi'r Prif Gwnstabliaid cyntaf, a'r rheiny yn dechrau sefydlu eu heddluoedd gwyryfol, nid oedd y fath beth â gorsafoedd yr heddlu yn bodoli. Yn y mwyafrif o lefydd, prin digon o arian oedd ar gael i roi tŷ a chyflog i'r Prif Gwnstabl ac iwnifform, offer a phae i'r dynion, heb sôn am adeiladu adeilad pwrpasol ar eu cyfer. Amrywiai'r trefniadau o'r naill fwrdeistref i'r llall ond mae'n ymddangos – o leiaf mewn rhai achosion – fod tŷ'r Prif Gwnstabl hefyd yn gorfod bod yn gartref, swyddfa a chanolfan i'w ddynion. Mewn mannau eraill cymerodd y dynion at hen garchar y dref a'i ddefnyddio fel eu canolfan. Dylid cofio, yn amlach na pheidio, fod yna gryn wrthwynebiad i'r system heddlu newydd, a hynny gan yr awdurdodau yn ogystal â'r boblogaeth leol. Fel y cyfryw, bu'n rhaid i nifer o Brif Gwnstabliaid frwydro'n galed am unrhyw gyllid yr oedd ei angen arnynt. Bron yn ddieithriad felly, cawsai annedd cyffredin mewn lleoliad cyfleus ei rentu a'i drawsnewid i ateb y gofynion lleol.

Roedd y tai hyn yn amrywio cryn dipyn gan ddibynnu ar yr arian oedd ar gael ac anghenion yr ardal leol. Beth bynnag fyddai maint ac addasrwydd y pencadlys, byddai'r gorsafoedd a'r is-orsafoedd bron yn ddi-eithriad yn dai teras dwy ystafell i fyny a dwy i lawr ac ychydig iawn o waith addasu a wnaed arnynt heblaw am drawsnewid un ystafell yn gell. Defnyddid yr ystafelloedd llofft gan amlaf yn lletŷ i ddau neu fwy o gwnstabliaid. Peth digon cyffredin oedd gorsaf heddlu a oedd hefyd yn gartref i sarjant neu uwch swyddog a'i wraig – gyda'r wraig yn aml yn gweithio fel cynorthwyydd di-dâl pan fyddai menyw dan glo yn y gell.

Gydag effeithlonrwydd mewn golwg, tueddai nifer o orsafoedd gael eu rhedeg gan un rhingyll a chwe dyn. Mae'n bosib mai un rhingyll a dau ddyn fyddai yn rhedeg yr is-orsafoedd. Byddai'r niferoedd i raddau helaeth yn dibynnu ar natur yr ardal a'r cyllid oedd ar gael.

Gyda dyfodiad yr Heddluoedd Sirol (o tua 1839), agorwyd fwyfwy o orsafoedd mewn trefi a phentrefi bychain ar draws y wlad. Bron yn ddi-os, tai bychain gyda rhwng dwy a phedair ystafell oedd y mwyafrif o'r rhain a byddent yn dyblu fel lletŷ ar gyfer hyd at ddau ddyn (gan amlaf). Mewn ardaloedd â diwydiannau trymion (megis glo a thun) neu lefel uchel o droseddu, byddai maint yr orsaf a nifer y dynion yn adlewyrchu'r galw cynyddol ar y gwasanaeth.

Gyda threigl amser a'r twf yng nghyfoeth ardaloedd, gwelwyd gwelliant yn yr amodau cymdeithasol a buddsoddwyd mwy o arian yn y gwasanaeth plismona. Ymddangosodd mwy o orsafoedd a oedd naill ai wedi eu hadeiladu'n bwrpasol neu'u haddasu o anheddau syml a chafodd y gair 'Police', ei engrafu yn y garreg neu'r concrit uwchben y drws yn nifer ohonynt. O Benfro i Drefaldwyn, o Lanelli i Aberystwyth, mae rhai o'r hen orsafoedd nobl hyn yn dal i fodoli heddiw, er bod y mwyafrif ohonynt bellach wedi colli eu statws fel

as police stations. In most instances the money provided by the borough authorities was little enough to provide a house and salary for the Chief, and uniforms, equipment and pay for the men, without the added burden of providing custom-built edifices for housing them. Arrangements varied from one borough to another, but it seems that – at least in some cases – the Chief's house was equally his home, office and base for his men. In other instances, the men simply took over the erstwhile town gaol. It should be remembered that, as often as not, there was as much opposition to the new police system from local authorities as from the local populace; consequently, many Chief Constables had to fight for the funding they required. Almost universally then, convenient ordinary domestic premises were taken over on a rented basis and converted according to the local needs.

These houses varied enormously, depending on the money available and the varying requirements of the local area. Whatever the size and suitability of the headquarters, stations or sub-stations were almost invariably modest two-up-two-down terraced houses that required little conversion other than one room fitted out as a cell, while the upstairs rooms may have provided accommodation for two or more constables. It was however, not unusual for a station to be occupied by a sergeant or senior officer and his wife – the wife frequently becoming the unpaid assistant in dealing with female prisoners!

Probably on the grounds of efficiency, many stations tended to be operated on the basis of one sergeant and six men. Smaller sub-stations might be a sergeant with only two men; much depended on the area and money available.

With the advent of the County Constabularies (from c.1839), so ever more stations began springing up in small towns and villages all across the country. The vast majority of these were invariably small two-to-four-room houses that served as accommodation for (usually) no more then two men. In areas where there were heavy industries such as coal or tin mining, and or where there were high levels of crime, the size of station and the number of officers employed there would reflect that.

Over time, as social conditions improved with an area's wealth, and more money was put into better policing, so more stations were being custom-built or converted from modest dwelling houses – many of them having the word 'Police' or other variation engraved into stone or concrete lintels. From Pembroke to Montgomery, and Llanelli to Aberystwyth, there are today many examples of these fine old stations still in evidence. For the most part they have long lost their former status as police stations and are now in private ownership. Interestingly though, some owners have retained the old cells as a feature or point of interest. Surprisingly, a very few are still in police hands and still functioning as stations, having been updated over the years.

Recently, this curator has been involved in the 'resurrection' of one of the first and perhaps only surviving County Police Stations ever to have been built in Wales. Now known as Castle House, it was built on the site of the old (Carmarthen Gaol?) infirmary, just inside the Castle Gateway, Nott Square, Carmarthen. While the upper floor of the house will be the Carmarthen base for The Prince's Trust, it is intended

gorsafoedd ac yn eiddo i berchnogion preifat. Diddorol nodi fod rhai perchnogion wedi cadw'r hen gelloedd fel nodwedd hynod a diddorol. Mae rhai ohonynt wedi cael eu hadnewyddu dros y blynyddoedd ac mae nifer fechan yn dal i gael eu defnyddio fel gorsafoedd heddlu hyd heddiw.

Yn ddiweddar, bu'r curadur hwn yn gysylltiedig â'r gwaith o 'adfer' un o'r Gorsafoedd Heddlu Sirol cyntaf i'w hadeiladu yng Nghymru ac, o bosib, yr unig un sydd wedi goroesi. Cafodd Tŷ'r Castell, fel ei elwir heddiw, ei adeiladu ar safle'r hen inffirmari (Carchar Caerfyrddin?) y tu mewn i Borth y Castell, Sgwâr Nott, Caerfyrddin. Defnyddir y llawr uchaf fel canolfan Ymddiriedolaeth y Tywysog a bwriedir agor y llawr isaf i'r cyhoedd gan roi cyfle iddynt ddysgu mwy am hanes y safle yn ei gyfanrwydd. Fodd bynnag, mae'n debyg mae'r prif atyniad fydd yr hen gelloedd, oherwydd llwyddwyd i gadw'r mwyafrif o'r hen nodweddion a chynnal cymeriad y lle, ac mae'n bosib y byddai rhai o'r cyn westai a fu'n lletya yno yn oes Fictoria yn dal i adnabod yr hen le pe deuent yn ôl heddiw! Caewyd yr hen Garchar Sirol, fel y'i gelwid, yn 1947 a disgwylir iddo gael ei ail-agor ar ei newydd wedd rhywbryd yn ystod 2008.

Rhwng y 1850au a'r 1870au penderfynwyd nad oedd yr hen iwnifform – côt cynffon fain, het uchel a throwsus tywyll neu wyn (yn dibynnu ar y tymor) yn addas bellach ar gyfer y gwasanaeth plismona modern ac, felly, esgorwyd ar y gôt diwnig a throwsus glas tywyll neu ddu, a fu mor gyfarwydd tan yn ddiweddar. Yn y cyfnod hwn hefyd, dechreuwyd defnyddio helmedau milwrol yr olwg a disodlwyd y ratl gan y chwiban heb bysen. Mae'r rheswm pam y cyflwynwyd y newid olaf hwn yn ddirgelwch gan fod y sŵn a wnaed gan chwiban â physen yn fwy treiddgar o lawer ac felly yn cario ymhellach. Yn raddol, dechreuodd bob heddlu sefydlu ei hunaniaeth arbennig ei hun trwy fabwysiadu plât helmed (bathodyn) oedd yn unigryw i'w fwrdeistref neu'i sir.

Ond, ar y cyfan, ni wnaeth y wedd newydd hon fawr i hybu poblogrwydd y gwasanaeth, a bu'n rhaid i'r heddlu weithio'n galed i geisio ennill calonnau'r boblogaeth. Bu'n rhaid iddynt ennill eu parch yn y gymdeithas fel gwarcheidwad diblaid a diduedd y gyfraith; roedd gan yr heddlu lawer i'w ddysgu eto am eu rôl yn y gymuned.

'Rhosyn, er newid ei enw . . .'

Fe fyddai'n esgeulus ohonof i orffen y bennod hon heb gyfeirio at yr amryw enwau eraill – rhai yn enwau digon angharedig – a roddwyd i'r heddwas Prydeinig. Mae'n bosib mai un o'r cwestiynau a ofynnir amlaf i haneswyr sy'n ymddiddori yn y gwasanaeth heddlu Prydeinig yw: 'Pam y gelwir yr heddlu yn . . .?'

Gan mai Robert Peel oedd sefydlydd y gwasanaeth heddlu modern nid yw'n fawr syndod fod rhai o'r enwau mwyaf cyffredin a roddwyd i'r heddweision, sef 'Bobby' a 'Peeler', yn deillio o'i enw ef. Mae'n ymddangos bod rhai o'r swyddogion cynharaf wedi cyfeirio at eu hunain fel 'Coppers' oherwydd y cyflog pitw a enillent. Fodd bynnag, er bod 'Cops' yn gwtogiad o'r gair 'coppers', mae'n debygol fod yr enw hwn wedi dod o'r gair Saesneg 'cop' – sy'n golygu 'dwyn'. Er bod

that the ground floor will be open for the public to discover the history of the whole site. However, the main attraction will probably be the old cell block, which still retains most of its features and character that would yet be recognised by many of its former mid-to-late Victorian inmates! The County Lock-up, as it was known, was closed in 1947, and it is due to be re-opened in its new guise sometime in 2008.

Between the 1850's and 1870's, the old style of uniform – coat tails, tall hats and dark or white trousers (depending on season) were no longer deemed suitable for modern policing, and so was born the now familiar style of dark blue or black tunics and trousers. Military-style helmets were introduced, and the pea-less whistle replaced the rattle. Why the pea-less whistle should have been employed instead of the pea whistle is something of a mystery since the latter was much sharper – its sound carrying for far greater distances. Gradually, each force began to assume its own individual identity by the inclusion of a helmet plate (badge) unique to its borough or county.

Despite this new look, the police as a whole still had to win the hearts and minds of the populace; it had to earn its place in society as an impartial, even-handed guardian of the law; it still had to learn its role in the community.

'A Rose by any other name . . .'

It would be remiss of me to end this chapter without making reference to the many names – some uncomplimentary – given to British policemen, and often the most frequently-asked question of police historians: 'Why are the police called . . . ?'

As the founder of the modern police, it is hardly surprising that direct reference to Robert Peel was the most common, and so the usual terms were 'Bobby' and 'Peeler'. It would seem that early officers sometimes referred to themselves as being 'Coppers', on account of the meagre wage they were paid. 'Cops' however, although being a contraction of copper, probably derived from the old English term of 'cop' – meaning 'to steal'. Although it is often thought that 'The Fuzz' came over from America, there is enough evidence to show that it derived from the fact that all policemen of the 19th century wore beards – or 'fuzz' in the common vernacular.

The origin of 'The Bill' or 'The Old Bill' is much harder to define with any real accuracy, and there are currently more than a dozen suggestions on offer. These range from the early law enforcement bills that officers carried, through the 'Old Bill' First World War cartoon character devised by Captain Bruce Bairnsfather, to the police car registration 'BYL' used by London Metropolitan Police. We will probably never be certain.

'Rozzer' has been a favourite term in some regions, particularly in Northern Ireland, though its derivation is unknown. However, the more criminally-minded elements that might have an axe to grind, obviously preferred something more derogatory, and their most common reference is 'Pig' – an explanation of which is unnecessary! There are undoubtedly

pobl yn dueddol o gredu fod 'The Fuzz' wedi'i fenthyg o America, mae cryn dystiolaeth i ddangos ei fod wedi deillio o'r ffaith fod barf gan bob swyddog heddlu yn y 19eg ganrif – mae 'fuzz' wrth gwrs yn enw slang am farf.

Mae'n llawer anos olrhain tarddiad yr enwau 'The Bill' neu 'The Old Bill', yn wir mae dros ddwsin o gynigion ar y pwnc. Mae'r cynigion hynny yn amrywio o gyfeiriad at y dogfennau neu'r biliau yr arferai swyddogion eu cario fel arwydd o'u hawdurdod i orfodi'r gyfraith, i 'Old Bill', y cymeriad cartwn a grëwyd gan y Capten Bruce Bairnsfather adeg y Rhyfel Byd Cyntaf, i'r llythrennau 'BYL' a ddefnyddiwyd gan Heddlu Metropolitan Llundain ar blatiau cofrestru eu cerbydau. Mae'n bosib na chawn fyth wybod yr union darddiad.

Mae 'Rozzer' yn derm poblogaidd mewn rhai ardaloedd, yn enwedig yng Ngogledd Iwerddon, ond eto mae ei darddiad yn anhysbys. Wrth reswm, mae gan y bobl hynny sydd â'u bryd ar droseddu eu rhesymau eu hunain dros ddewis llysenwau llai caredig, ac un o'r rhai mwyaf cyffredin o'r rheiny yw 'y Moch' – enw nad oes angen ei esbonio! Mae'n bosib y bydd rhai swyddogion sydd wedi ymddeol yn cofio cael eu galw'n 'Black-enamelled Bastards', enw sydd o bosib yn cyfeirio at yr iwnifform ddu a'r dulliau llawdrwm a ddefnyddiwyd gan rai swyddogion yn y gorffennol.

Bydd y rheiny sydd wedi astudio hanes yr heddlu yn gwybod fod yr enw Saesneg 'Police' yn tarddu o'r gair Groegaidd am 'Dinasyddiaeth' tra bod y geiriau 'Cwnstabl' a 'Cwnstabliaeth' yn deillio o'r Lladin – *Comes Stabuli* – sy'n golygu 'Count of the Stable'. Mae'r enw Cymraeg 'Heddlu' yn gyfuniad o ddau air, sef 'heddwch' a 'llu', ac yn dynodi corff neu lu sy'n cadw'r heddwch.

many retired ex-officers who can remember being called 'Black-enamelled Bastards', perhaps due to their black uniforms and possibly also because of any heavy-handed tactics used by some officers in the past.

The serious student of police history will find that the word 'Police' is derived from the Greek word for 'Citizenship', while the words 'Constable'/'Constabulary' were originally Latin (*Comes Stabuli*), meaning 'Count of the Stable'.

Ffawd y Plismon

Wrth i'r blynyddoedd fynd yn eu blaen, ystyriwyd yr heddlu gan nifer fel erfyn gwleidyddol a ddefnyddiwyd i dawelu aflonyddwch sifil a diwydiannol a ddeilliai, gan amlaf, o anghyfiawnder o ryw fath – esiampl dda o hyn oedd Rhyfeloedd y Degwm ym 1888. Esiamplau eraill oedd streiciau niferus y glowyr, y gweithwyr dur, ac ati. Ar y naill law disgwyliai'r awdurdodau i'r heddlu leddfu unrhyw anhrefn sifil ac, ar y llall, disgwyliai'r streicwyr iddynt gydymdeimlo â'u ceisiadau dilys am chwarae teg a chyfiawnder. Beth bynnag fyddai'r canlyniad, prin y deuai'r heddlu allan o sefyllfaoedd felly yn ddilychwin. Cafwyd achosion lle'r oedd y swyddogion heddlu yn perthyn i'r streicwyr neu'n dod o'r un gymuned agos â nhw ond, er mawr clod iddynt, tra'u bod o bosib yn rhannu safbwynt y streicwyr ac yn cydymdeimlo â nhw, llwyddasant, ar y cyfan, i gynnal eu hamhleidioldeb heb ystyried y canlyniadau iddyn nhw'n bersonol. Mae'n wir i ddweud mai oherwydd digwyddiadau felly y methodd yr heddlu ar y cyfan i lwyr ddileu amheuon y cyhoedd nac ychwaith ennill eu parch. Yn yr un modd, buont yn fwch dihangol i'r weinyddiaeth ar nifer o droeon. O'r cychwyn cyntaf, mae'r *'llinell las fain'* wedi dod o dan y lach o bob cyfeiriad adeg anghydfodau felly ac mae'r debygol y pery'r sefyllfa honno tra bônt.

Mewn cyferbyniad, ac i raddau helaeth, llwyddodd y cwnstabl cyffredin ennill parch mawr o fewn ei gymuned fach ei hun. Ar adeg pan oedd y car modur yn dal i fod yn gywreinbeth a'r ffôn yn newyddbeth, roedd y 'Bobi' lleol yn un o hoelion wyth y gymuned – yn ffigwr awdurdodol oedd â pharch mawr iddo ac yn ffynhonnell pob math o wybodaeth. Beth bynnag yr achlysur, byddai'n ffigwr canolog. Disgwylid iddo fod yn berson amryddawn – yn ddiplomydd, gwleidydd, cyfreithiwr, meddyg a phob dim arall, yn ôl gofynion y sefyllfa y câi ei hun ynddi. Yn syml, disgwylid ei fod yn gallu cymeryd yr awenau beth bynnag bo'r sefyllfa.

Gyda threigl amser, erydwyd llawer o'i wybodaeth leol a chyfyngwyd ar ei alluoedd. Unwyd rhai o'r heddluoedd bach ac, o ganlyniad, cafodd y 'Bobi' lleol ei anfon i ardaloedd anghyfarwydd, lle'r oedd y bobl a'u harferion yn wahanol, yr amgylchedd yn estron a'i gydweithwyr newydd yn ddieithr. Torrwyd y rhwymau cyfarwydd oedd wedi datblygu rhwng y gymuned a'i Chwnstabl; a hwythau'n hiraethu am eu 'Bobi lleol', roedd y plwyfolion yn amheus iawn o'r dieithryn yn eu plith, ac roedd y Cwnstabl druan, oedd hefyd efallai'n poeni am dynged ei gyn 'deulu', yn gorfod gwneud ei orau glas i feithrin rhyw fath o deyrngarwch tuag at ei heddlu newydd.

O'r cychwyn cyntaf, trwy gydol oes Fictoria ac ymhell i mewn i'r 20fed ganrif, prin iawn fu'r newidiadau amlwg o fewn heddluoedd Prydain. Ni welwyd fawr o newid yn yr iwnifform yn ystod y deng mlynedd ar hugain cyntaf, a phan y'i newidiwyd, safodd y ffasiwn newydd gyda ni, bron yn

The Policeman's Lot

As the years progressed, the police were often perceived to be a political tool used to quell civil and industrial unrest where the root and cause of the problem was injustice in one form or another – a prime example being the Tithe Wars of 1888. Further examples included the very many strikes involving coal miners, steel workers &etc. On the one hand the authorities expected police to 'put down' any civil disorder, while on the other, strikers expected the police to accept their legitimate claims to fair play and justice. Whatever the end result, the police would rarely come away from such an event untarnished in some way. In many instances policemen were related to the strikers or came from the same close-knit community, and while they may have shared the same sympathies and loyalties, it is to their great credit that, in most cases, they upheld their impartiality regardless of the consequences. Without doubt though, it is because of such incidents that the police, as a whole, never entirely won over the suspicions and respect of the general public. Similarly, they have often been the scapegoat of officialdom. The 'thin blue line' has always been, and perhaps always will be, the object of wrath of both sides of a dispute.

By contrast, and to a greater degree, the average policeman earned a great deal of respect in his local community. At a time when the motorcar was an object of curiosity and the telephone was in its infancy, the village or town 'Bobby' was the focal point of authority, the pillar of respectability and the source of all information. Whatever the situation, he was the central figure. He was expected to possess the qualities and skills of a diplomat, politician, lawyer, doctor and everyone else, dependant on the circumstances in which he found himself. In short, he was a man in total command of any and every situation.

With the passage of time, much of his community knowledge and abilities were eroded. Amalgamations of police forces began taking place, and the local 'Bobby' frequently found himself posted to an area of which he was unfamiliar; where there were different people and lifestyles, alien environments and equally alien colleagues. In many ways, the familiar bonds that had been built up between the community and PC were broken, with locals grieving over the loss of 'their own' police and suspicious of the stranger in their midst, while the humble PC, perhaps bemoaning the fate of his erstwhile 'family', struggled to inject a sense of loyalty to his new force.

From their inception, throughout the Victorian era, and well into the 20th century, there was little perceptible change within British police forces. Uniforms had not really changed in the first thirty years, and when they did, the new look remained virtually unaltered for the next hundred years. From the public's point of view, anyone looking at a police-

ddigyfnewid, am y can mlynedd nesaf. I'r person cyffredin, ac eithrio ychydig o fân bethau, doedd fawr o wahaniaeth i'w weld rhwng iwnifform swyddog ym 1970 ac iwnifform ei ragflaenydd ym 1890. Ond o dan yr wyneb, roedd plismona yn newid er mwyn addasu i ddatblygiadau technolegol yr oes. Gwellodd y system gysylltu pan ddisodlwyd y telegraff trydan gan y ffôn a'r tele-argraffydd, sydd yn eu tro, wedi'u disodli wrth i'r radio, y ffacs a'r ffôn symudol ennill eu plwyf. Trwcodd y Cwnstabl ei feic dibynadwy am gar neu feic modur; a dros y blynyddoedd mae edrychiad a defnydd y rheiny wedi newid cryn dipyn wrth i'r heddlu fabwysiadu a datblygu fwyfwy o syniadau modern.

Heddiw, mae ein heddluoedd yn sefydliadau soffistigedig sydd wedi newid gyda'r amserau ac addasu i wahanol amgylchiadau trwy ddefnyddio'r datblygiadau technolegol diweddaraf, gan gynnwys cefnogaeth o'r awyr ac ar y môr. Aeth y ratl, sef prif erfyn diogelwch y Cwnstabl cynnar, i abergofiant ers meitin, a diflannu hefyd wnaeth ei olynydd, y chwiban. Y pastwn oedd prif amddiffyniad y 'Bobi' am bron i 170 mlynedd, ond bellach mae hwn hefyd wedi'i fwrw i storfa hanesyddol yr amgueddfa. Defnyddir y chwiban o hyd yn achlysurol fel rhan o'r iwnifform ffurfiol ond mae'r pastwn pren wedi'i ddisodli gan bastwn dur telescobig. Fodd bynnag, dim ond yn ystod yr ugain mlynedd diwethaf y mae'r iwnifform a arferai fod mor adnabyddus ar draws y byd wedi gweld newidiadau chwyldroadol. I bob pwrpas, mae'r tiwnig a'r botymau arian, a oedd unwaith mor gyfarwydd, wedi mynd; mae'r gwregysau gloyw a'r byclau neidr pres wedi mynd; mynd hefyd wnaeth y clogynnau a'r cotiau duon; ond efallai mai'r golled fwyaf yw'r bathodynnau coeth ac unigryw a addurnai helmedau'r swyddogion ac a ddynodai'n syth i ba heddlu y perthynent. Yn eu lle, daeth siwmper ddu, siaced neu gôt gnu ac arnynt fathodyn 'Heddlu' clwt; gwregysau synthetig duon wedi'u haddurno â'r cyfarpar di-ri sydd eu hangen ar gyfer plismona yn yr oes hon; gwasgod amddiffyn ddu i ddiogelu'r swyddogion rhag y nifer cynyddol o ymosodiadau arfog a ddioddefir ganddynt; ac, yn olaf, siaced fawr felen tra gweladwy. Er mor angenrheidiol yw'r newidiadau hyn, ni ellir peidio â chwestiynu doethineb y penderfyniad i fynd am yr edrychiad 'corfforaethol' ar gyfer y bathodynnau helmed/cap sy'n golygu nad oes modd gwahaniaethu bellach rhwng un heddlu a'r llall.

Dros y ddau gan mlynedd diwethaf, gwelwyd datblygiadau anferth o ran cyfarpar a thechnoleg. Yn wahanol iawn i'w rhagflaenwyr, y rhai nad oedd angen arbenigedd technolegol arnynt y tu hwnt i'r gallu i ddefnyddio teipiadur yr orsaf neu'r cit trwsio teiars beic, rhaid bod gan y PC a'r WPC modern ddealltwriaeth dda am amrywiaeth eang o offer gorsaf a chyfarpar personol. Trwy gydol eu gwasanaeth, maent yn derbyn hyfforddiant parhaol mewn meysydd megis ffitrwydd corfforol, y system gyfreithiol, gweithdrefnau'r llys, cyfraith trosedd a chyfraith sifil, hawliau dynol, hawliau sifil a llawer, llawer mwy. Yn anad dim, rhaid iddynt arddangos amhleidioldeb, ynghyd â'r gofynion oesol – gwarineb, cwrteisi a synnwyr cyffredin; felly nid yw popeth wedi newid!

Fel a nodwyd eisoes, y newid 'mawr' cyntaf ers yr iwnifform yn oes Fictoria oedd y mesurau i gyfuno heddluoedd. Digwyddodd y cyntaf o'r ad-drefniadau mawr ym 1947 –

man on his beat in, say 1970, would, in all probability, be unable to distinguish him from his predecessor in 1870 – other than in a few minute details. But underneath the surface, as technological advances were made, so policing did change in order to adapt. Communications came into their own as the electric telegraph gave way to the telephone and teleprinter, which later became sidelined as radio, fax and mobile phones in turn gained prominence. For some time, the PC's trusty bicycle became redundant in favour of cars and motorcycles; and even these took on various identities and roles as more modern ideas were encompassed and developed.

Today, the police are quite sophisticated organisations that have adapted to the changing times and circumstances with the latest technological advances, including air and sea support. The early policeman's first line of support – the rattle – has long since faded into history, as has its successor, the whistle. The trusty truncheon – the 'Bobby's' first line of defence – has all but been consigned to the museum, having survived for around 170 years. The whistle is occasionally still in evidence as part of dress uniform, but the truncheon has almost universally been superseded by the telescopic steel baton; and it is only in the last twenty years or so that the uniform so well known and recognised throughout the world, has undergone a revolution. To all intents and working purposes, gone are the familiar tunics with silver buttons; gone are the shiny black belts with brass snake buckles; gone are the old black capes and raincoats; and perhaps saddest of all, gone are the unique and beautifully styled helmet plates that offered immediate identification of a particular force. In their stead are black pullovers, jackets or fleeces with similar identification patches; black synthetic belts adorned with the panoply of accoutrements necessary for today's policing; black body armour for protection against the rising tide of armed personal attacks; and yellow, high-visibility top jackets. Necessary as these changes are, one cannot help but wonder the wisdom of choosing the new 'corporate' look of the modern helmet plates and cap badges that are virtually indistinguishable between one force and another.

In almost two hundred years, tremendous advancements have been made in equipment and technology. Unlike their earliest colleagues whose technical expertise stretched no further than the station typewriter or bicycle puncture repair kit, today's PC's – both male and female – are required to have a sound understanding of every item of station and personal equipment. Throughout their service life they must undergo continual training encompassing physical fitness, the legal system, court procedures, criminal and civil law, human and civil rights, and much, much more besides. Above all, they must show impartiality, along with the age-old requirements of civility, courtesy and commonsense. So not everything has changed!

As has already been noted, the first 'real' change since uniforms in the mid-Victorian era was with amalgamation, the first major reorganisations taking place in 1947 – more than one hundred years after the first 'Bobby' pounded a beat. In the interests of efficiency, some forty-five borough police forces in Wales were abolished, and their constituent

dros gan mlynedd ar ôl i'r 'Bobi' cyntaf gerdded y 'bît'. Yn enw effeithlonrwydd, diddymwyd tua phump a deugain o heddluoedd bwrdeistrefol ledled Cymru a chafodd yr aelodau eu trosglwyddo neu eu cyfuno â'r heddluoedd sirol newydd a oedd wedi cael eu hestyn yn gyffredinol.

Roedd hon yn ergyd arbennig o ddifrifol i drefi megis Caerfyrddin. Caerfyrddin oedd canolfan weinyddol a masnachol bwysicaf Gorllewin Cymru ers ymhell cyn y Chwyldro Diwydiannol ond, roedd ei llwyddiant ar drai ers troad y ganrif yn sgil twf Caerdydd fel prif ganolfan economi Cymru – a'i phrif ddinas. Enillasai heddlu Caerfyrddin enw gwael iddynt eu hunain yn y dyddiau cynnar, serch hynny, nhw oedd yr unig heddlu bwrdeistrefol i oroesi tan yr 20fed ganrif. Er bod nifer y swyddogion wedi cynyddu i un ar bymtheg yn sgil yr Ail Ryfel Byd, roedd yr heddlu'n dal i gael ei alw *'The Carmarthen Shilling'* ym 1947, oherwydd ei fod am gynifer o flynyddoedd wedi cynnwys deuddeg *'Copper'*.

Yn sgil nifer o achosion enwog yn y 1950au pan ddaeth sawl Prif Gwnstabl ar hyd a lled Prydain o dan y chwyddwydr, penodwyd y Comisiwn Brenhinol i gynnal yr adolygiad pellgyrhaeddol cyntaf i'r gwasanaeth ers y dyddiau cynnar pan sefydlwyd heddluoedd ar draws y wlad. Ymhlith yr argymhellion a wnaed oedd na ddylai'r cyfuniadau a orfodwyd ar heddluoedd gael eu cyfyngu gan y terfyn o 100,000 o boblogaeth a bennwyd gan Ddeddf yr Heddlu 1946. Ac felly y bu i Ddeddf yr Heddlu 1964 dderbyn Cysyniad Brenhinol a chychwynnwyd ar raglen gynhwysfawr o gyfuniadau a arweiniodd at ostyngiad yn nifer yr heddluoedd yng Nghymru a Lloegr o 117 i 49 yn unig. O ganlyniad, ym 1968, esgorwyd ar Gwnstabliaeth Dyfed-Powys. Chwe blynedd yn ddiweddarach newidiwyd ei enw i Heddlu Dyfed Powys.

Yn fwy diweddar (2005/6), cyhoeddodd yr Ysgrifennydd Cartref nifer o gynigion ar gyfer uno'r pedwar heddlu Cymreig i ffurfio un Heddlu mawr ar draws Cymru. Cyflwynwyd syniadau tebyg ar gyfer uno nifer o heddluoedd Lloegr hefyd.

Profodd y cynllun hwn i fod yn un dadleuol iawn, yn enwedig yng Nghymru. Tra bod nifer o uwch swyddogion yr heddlu a'r gwleidyddion yn croesawu'r cynigion, mynegodd eraill eu hanghytundeb, gan wrthwynebu nifer o elfennau o fewn y cynnig. Yn nhyb y mwyafrif nid oedd y cynllun wedi ei ddatblygu'n iawn a theimlai rhai bod yr arian a addawyd gan y llywodraeth er mwyn cyflwyno'r newidiadau yn hollol annigonol. Yn fyr, roedd y mwyafrif o'r farn nad oedd y llywodraeth wedi rhoi ystyriaeth ddigonol i'r cynllun. Pennwyd Ebrill 2007 fel y dyddiad pan fyddai'r uniad yn digwydd ond o ganlyniad i drafodaethau a dadleuon di-ri a gynhaliwyd yn ystod 2005/6, gorfodwyd y llywodraeth i roi'r gorau i'w gynllun i uno heddluoedd Cymru.

members transferred to, or merged with the new county forces which had generally been extended.

For towns like Carmarthen, this was a particularly sad blow. As the major administrative and trade centre for West Wales since long before the beginning of the Industrial Revolution, Carmarthen had been in decline since the turn of the century, in favour of Cardiff which had become the major centre for the Welsh economy – and its capital city. Carmarthen's police had earned much notoriety in the early days, but it had been the only borough police to survive into the 20th century. Although its membership had been raised to sixteen on account of the Second World War, it was still, in 1947, known as 'The Carmarthen Shilling', due to the many years it had had its little force of twelve 'Coppers'.

Following a series of *cause celebres* during the 1950's in which several Chief Constables in Britain each became the subject of investigation, a Royal Commission was appointed, and conducted the first wide-ranging review since the inception of countrywide police forces. Amongst its recommendations was that the compulsory amalgamations of police areas should not be restricted by the 100,000 population imposed by the Police Act of 1946. Thus it was that the Police Act of 1964 was given the Royal Assent, to be followed by a comprehensive programme of amalgamations that reduced the number of police forces in England and Wales from 117 to just 49. As a consequence, in 1968 the Dyfed-Powys Constabulary came into being. Six years later, the name was changed to Dyfed-Powys Police.

Recently (2005/6), the Home Secretary announced various proposals to amalgamate the existing police forces in Wales into a preferred single Welsh force. Similar ideas were put forward for a number of English force amalgamations.

In Wales particularly, this proved highly controversial. While many senior police officers and politicians welcomed the proposals, others made known their opposition. Even officers who welcomed the idea of an all-Wales force in principle, objected to various aspects of the proposal. In most minds, the scheme had not been properly formulated, and the amount of money promised by the government to implement the changes was felt by many to be wholly inadequate. In short, the consensus of opinion was that the government had not given sufficient thought to the project. The date set for the changeover had been April 2007. As a result of the discussions and debates held throughout 2005/6, the government was forced to withdraw its immediate plans for any and all Welsh police amalgamations.

Naw Egwyddor Peel

1. Atal troseddu ac anhrefn yw'r genhadaeth sylfaenol sy'n sail i fodolaeth yr heddlu.

2. Mae gallu'r heddlu i berfformio'u dyletswyddau yn ddibynnol ar dderbyn sêl bendith y cyhoedd ar weithgareddau'r heddlu.

3. Er mwyn ennill a chadw parch y cyhoedd, rhaid i'r heddlu sicrhau cydweithrediad parod y cyhoedd i gadw'r gyfraith heb orfodaeth.

4. Mae lefel cydweithrediad y cyhoedd yn lleihau yn gymesur â'r angen am ddefnyddio grym corfforol.

5. Mae'r heddlu yn ceisio ac yn sicrhau cefnogaeth y cyhoedd, nid trwy blygu i farn y cyhoedd, ond trwy wasanaethu'r gyfraith yn ddiamod, yn ddiduedd ac yn gyson.

6. Defnyddia'r heddlu hynny o rym corfforol ag sy'n angenrheidiol i sicrhau ufudd-dod i'r gyfraith neu i adfer trefn pan fydd perswâd, cyngor a rhybudd wedi profi'n annigonol.

7. Dylai'r Heddlu, bob adeg, gynnal perthynas â'r cyhoedd sy'n gwireddu'r traddodiad hanesyddol, sef mai'r heddlu yw'r cyhoedd a'r cyhoedd yw'r heddlu; aelodau o'r cyhoedd yw'r heddlu, sy'n cael eu talu i ymgymryd yn llawn-amser â'r dyletswyddau hynny y dylai bob aelod o'r cyhoedd eu cyflawni [beth bynnag] er lles a pharhad y gymuned.

8. Dylai holl weithgareddau'r Heddlu adlewyrchu eu swyddogaethau penodol ac ni ddylent byth ymddwyn fel petaent yn ceisio trawsfeddiannu pwerau'r farnwriaeth.

9. Yr hyn sy'n profi effeithlonrwydd yr heddlu yw absenoldeb 'troseddu ac anhrefn' yn hytrach na thystiolaeth weledig o'u hymdrechion i fynd i'r afael ag ef.

Mae'r tudalennau nesaf yn rhoi hynny o hanes yr Heddluoedd Sirol a'r Heddluoedd Bwrdeistrefol ag sydd yn hysbys ar hyn o bryd.

Gweler hefyd fathodyn helmed bob un o'r Heddluoedd Sirol.

Peel's Nine Principles

1. The basic mission for which the police exist is to prevent crime and disorder.

2. The ability of the police to perform their duties is dependent upon public approval of police actions.

3. Police must secure the willing co-operation of the public in voluntary observance of the law to be able to secure and maintain the respect of the public.

4. The degree of co-operation of the public that can be secured diminishes proportionately to the necessity of the use of physical force.

5. Police seek and preserve public favour not by catering to public opinion but by constantly demonstrating absolute impartial service to the law

6. Police use physical force to the extent necessary to secure observance of the law or to restore order only when the exercise of persuasion, advice and warning is found to be insufficient.

7. Police, at all times, should maintain a relationship with the public that gives reality to the historic tradition that the police are the public and the public are the police; the police being only members of the public who are paid to give full-time attention to duties which are incumbent on every citizen in the interests of community welfare and existence.

8. Police should always direct their action strictly towards their functions and never appear to usurp the powers of the judiciary.

9. The test of police efficiency is the absence of crime and disorder, not the visible evidence of police action in dealing with it.

The following pages list the history of the Borough and County Police Forces so far as is currently known.

Each of the County Forces has one of its helmet badges displayed.

Map o Ardal Heddlu Dyfed-Powys

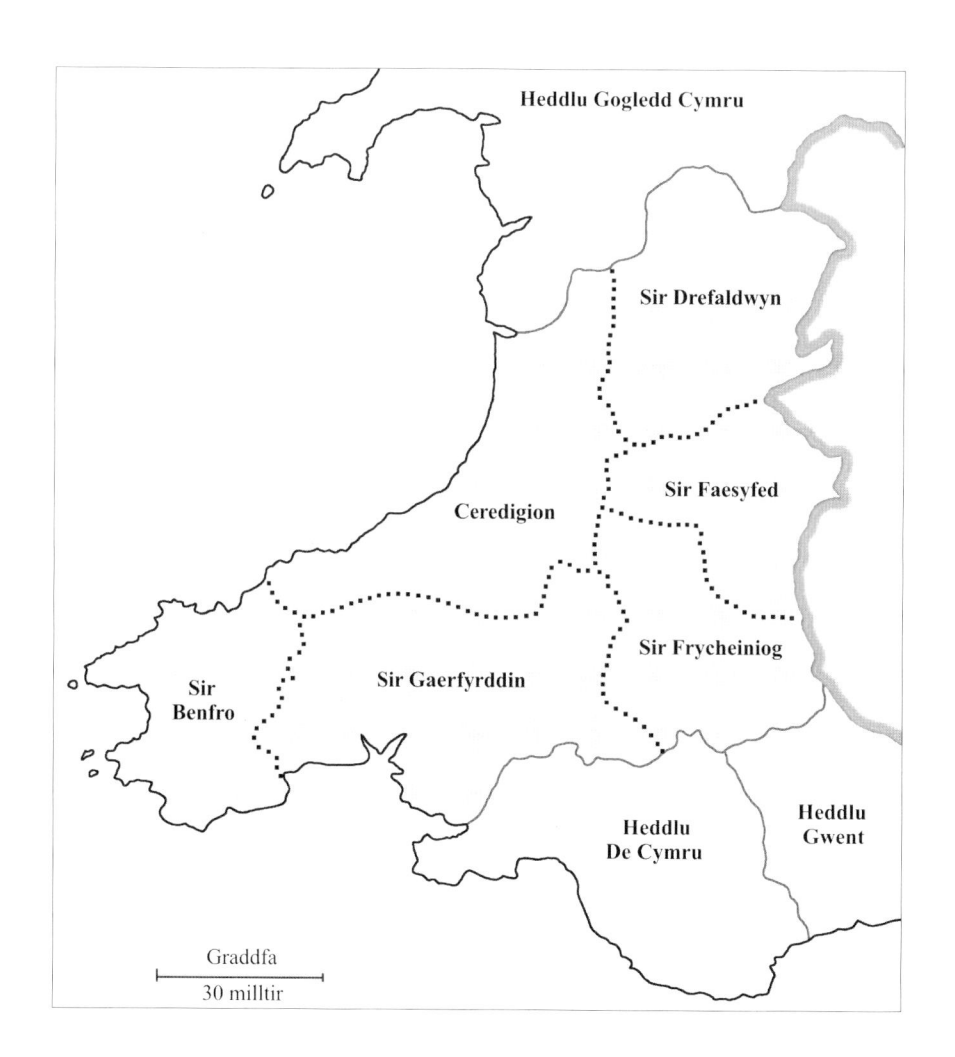

Map of Dyfed-Powys Police Area

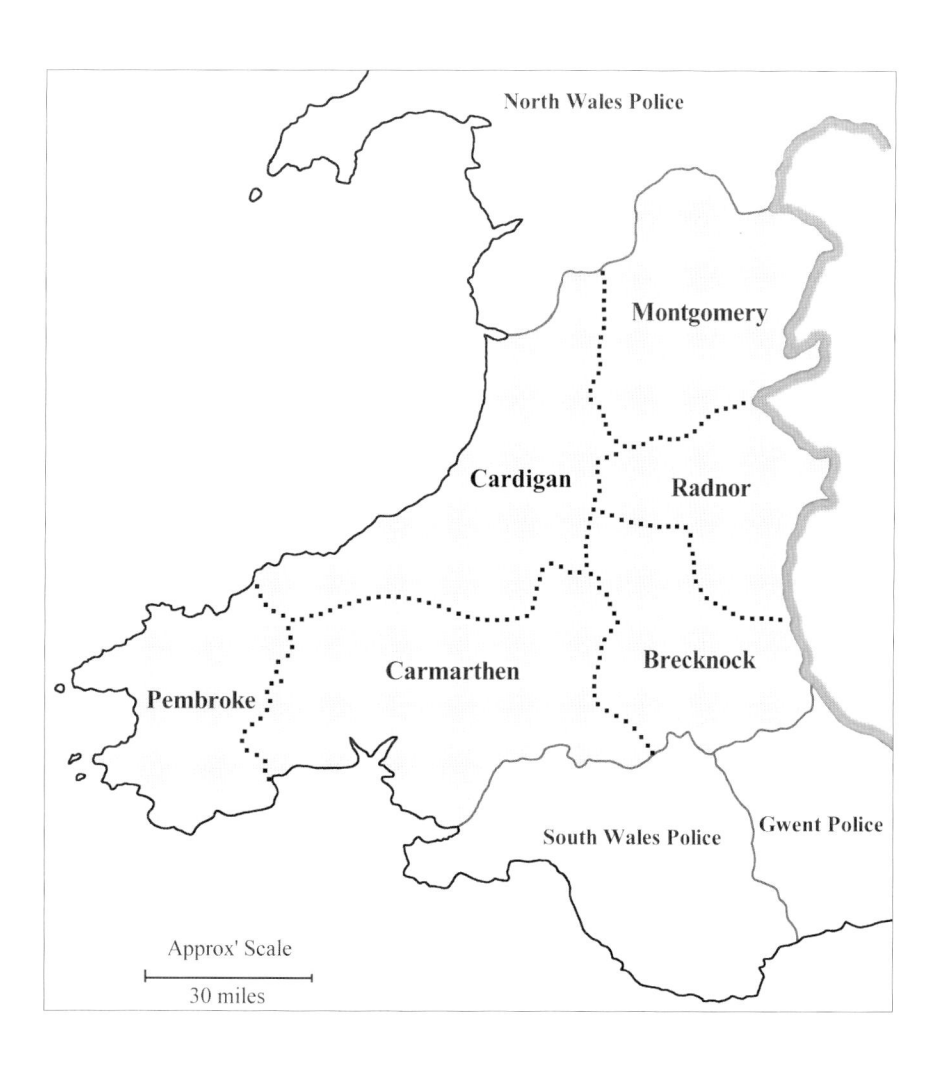

Siart Hanes Heddlu Dyfed-Powys

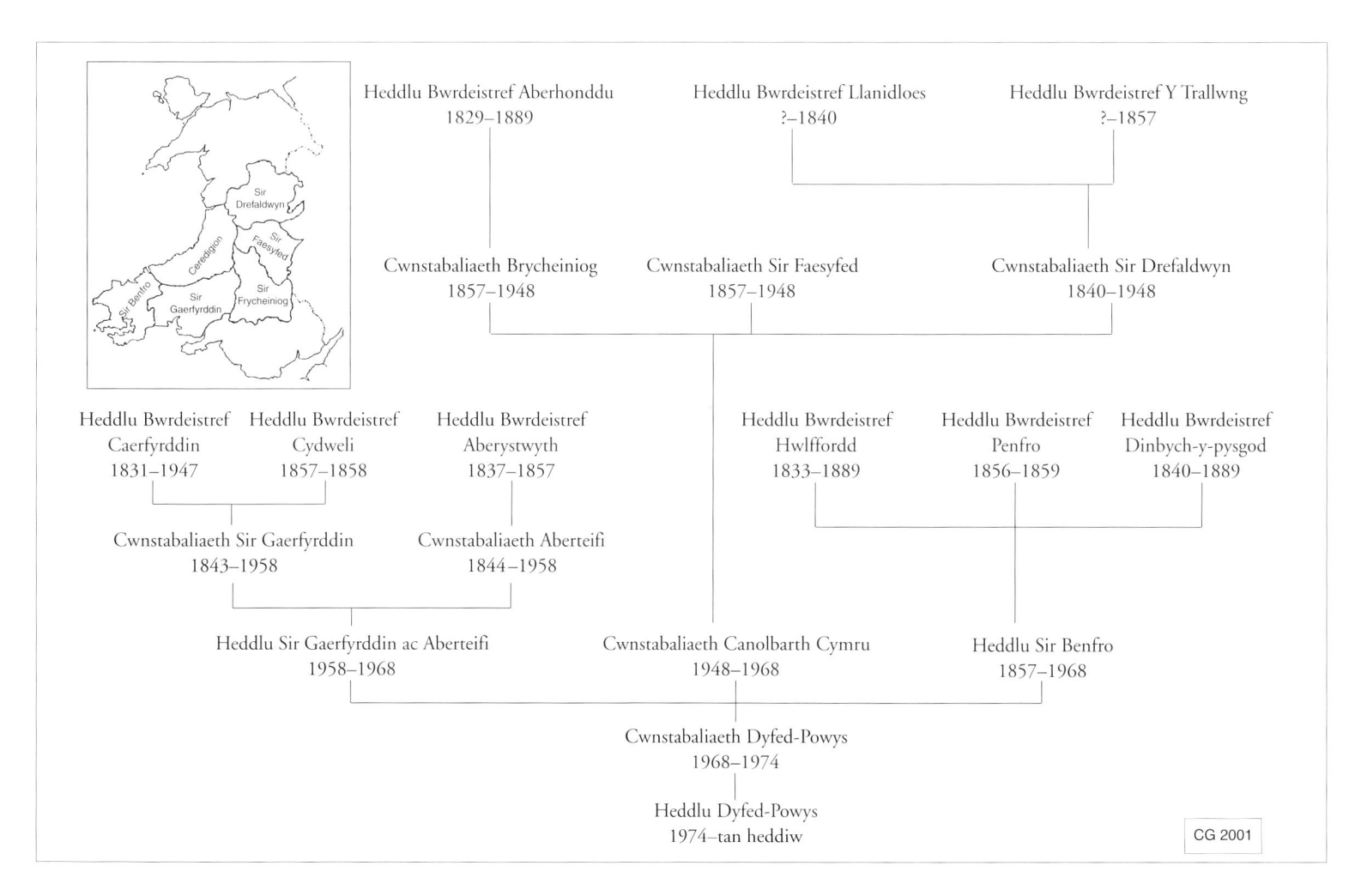

Heddlu Bwrdeistref Aberhonddu
1829–1889

Heddlu Bwrdeistref Llanidloes
?–1840

Heddlu Bwrdeistref Y Trallwng
?–1857

Cwnstabaliaeth Brycheiniog
1857–1948

Cwnstabaliaeth Sir Faesyfed
1857–1948

Cwnstabaliaeth Sir Drefaldwyn
1840–1948

Heddlu Bwrdeistref Caerfyrddin
1831–1947

Heddlu Bwrdeistref Cydweli
1857–1858

Heddlu Bwrdeistref Aberystwyth
1837–1857

Heddlu Bwrdeistref Hwlffordd
1833–1889

Heddlu Bwrdeistref Penfro
1856–1859

Heddlu Bwrdeistref Dinbych-y-pysgod
1840–1889

Cwnstabaliaeth Sir Gaerfyrddin
1843–1958

Cwnstabaliaeth Aberteifi
1844–1958

Heddlu Sir Gaerfyrddin ac Aberteifi
1958–1968

Cwnstabaliaeth Canolbarth Cymru
1948–1968

Heddlu Sir Benfro
1857–1968

Cwnstabaliaeth Dyfed-Powys
1968–1974

Heddlu Dyfed-Powys
1974–tan heddiw

CG 2001

DYFED-POWYS POLICE FAMILY TREE

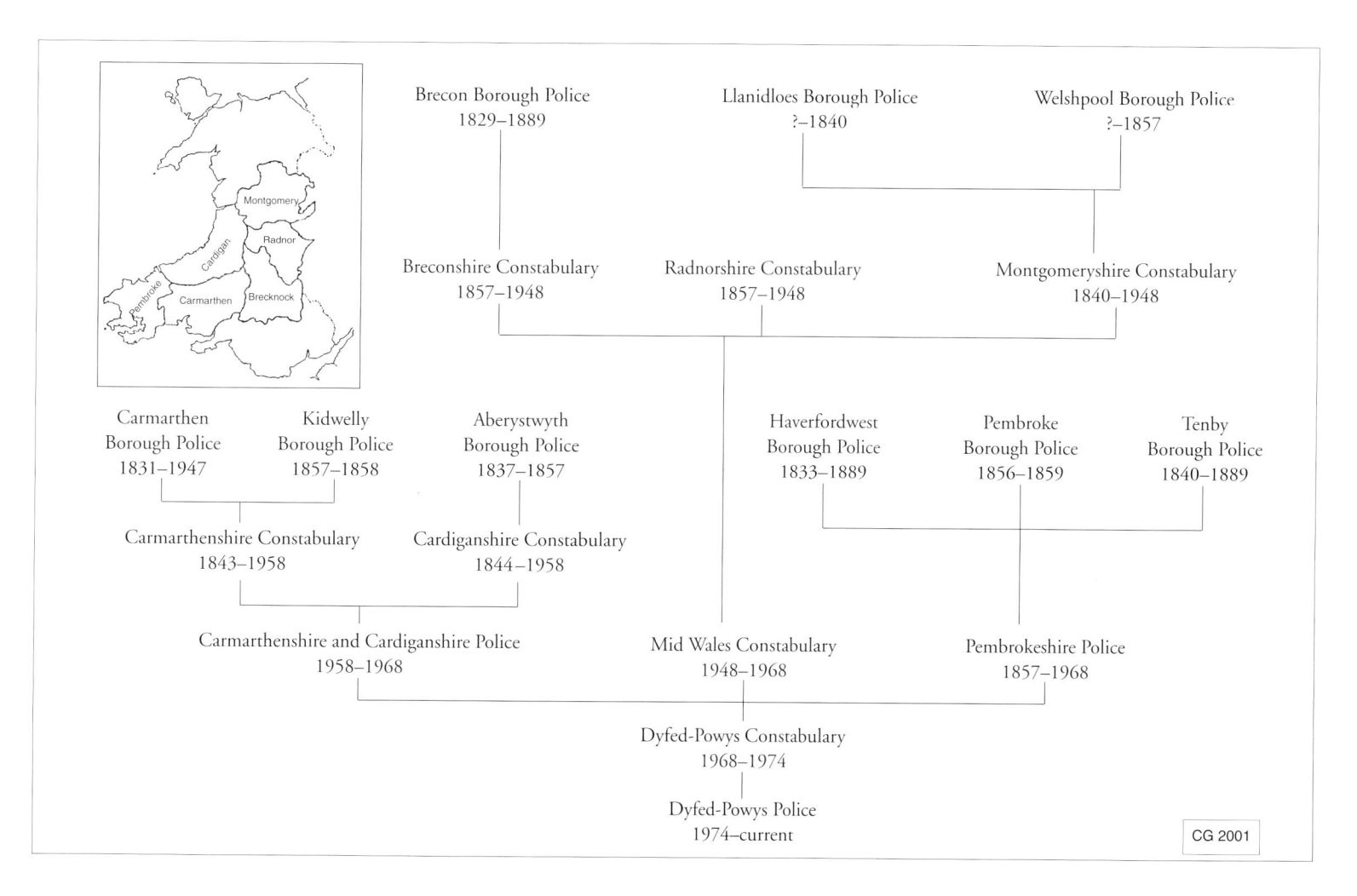

Brecon Borough Police
1829–1889

Llanidloes Borough Police
?–1840

Welshpool Borough Police
?–1857

Breconshire Constabulary
1857–1948

Radnorshire Constabulary
1857–1948

Montgomeryshire Constabulary
1840–1948

Carmarthen Borough Police
1831–1947

Kidwelly Borough Police
1857–1858

Aberystwyth Borough Police
1837–1857

Haverfordwest Borough Police
1833–1889

Pembroke Borough Police
1856–1859

Tenby Borough Police
1840–1889

Carmarthenshire Constabulary
1843–1958

Cardiganshire Constabulary
1844–1958

Carmarthenshire and Cardiganshire Police
1958–1968

Mid Wales Constabulary
1948–1968

Pembrokeshire Police
1857–1968

Dyfed-Powys Constabulary
1968–1974

Dyfed-Powys Police
1974–current

CG 2001

43

Heddluoedd Fesul Bwrdeistref

Aberystwyth 1837-1857

1837 – Er mwyn cydymffurfio â Deddf Corfforaethau Dinesig 1835 – er gwaethaf cryn wrthwynebiad lleol – sefydlwyd heddlu ym Mwrdeistref Aberystwyth. O'r ddau aelod llawn amser, penodwyd un yn Brif Gwnstabl ar gyflog o un bunt a hanner coron (£1.12½c) yr wythnos. Cwnstabl oedd yr aelod arall a thalwyd cyflog wythnosol o bedwar swllt ar ddeg (70c) iddo ef. Yn ogystal, penodwyd tri ar ddeg ar hugain o Gwnstabliaid Gwirfoddol am dâl o ddau swllt (10c) yr wythnos. Gwisgai'r swyddogion iwnifform a oedd yn cynnwys het befar ddu â lledr patent ar ei thop, côt gynffon fain las tywyll a throwsus gwyn.

1857 – Yn y Llys Chwarter yn Aberaeron ar 13eg Mehefin, cytunodd Bwrdeistref Aberystwyth a Sir Aberteifi ill dau i uno'u heddluoedd gan greu Heddlu Sir Ceredigion.

Aberhonddu 1829-1899

1829 – Penododd Corfforaeth Bwrdeistref Aberhonddu ei Swyddog Heddlu Bwrdeistrefol cyntaf, sef Thomas Bradford o Henffordd. Penodwyd Bradford hefyd yn Rhingyll y Brysgyll.

1836 – Daeth Deddf Corfforaethau Dinesig 1835 i rym. Talwyd dyn o'r enw Jonas Williams (Rhif: BP1) saith bunt a chweugain (£7.50) i fod yn Brif Swyddog yr Heddlu a Cheidwad Carchar y dref am gyfnod o dri mis. Ardal ei 'bît' oedd rhan uchaf plwyf Sant Ioan. Penodwyd dau gynorthwyydd sef, David Davies (Rhif: BP2), a oedd yn gyfrifol am ardal *Ship Street* a Phlwyf Dewi Sant, a John Waters (Rhif: BP3), a'i 'bît' yntau oedd capelyddiaeth y Santes Fair (canol y dref). Cafodd y swyddogion, ill tri, gotiau glas â'u rhifau swyddogol wedi'u harddangos ar y coleri.

1840 – Sefydlwyd Pwyllgor Gwarchod Bwrdeistref Aberhonddu ac, yn ddi-oed, cymerodd y cyfrifoldeb am yr Heddlu Bwrdeistrefol. Yn ystod y flwyddyn hon, penodwyd John Powell yn gwnstabl am dâl wythnosol o ddeg swllt (50p). Talwyd cyflog penodedig o £30 i'r Rhingyll-Ceidwad Carchar yn ogystal â lwfans glo o £5 ar gyfer y carchar a chodwyd cyflog y ddau gwnstabl arall o ddeg swllt i ddeuddeg swllt a chwe cheiniog (62½c), ar yr amod bod un ohonynt yn cadw gwyliadwriaeth bob nos.

1842/3 – Codwyd Carchar a Dalfa Bwrdeistrefol newydd ger cilddor y castell am gost o £314. Ar yr un pryd, penodwyd dyn o'r enw Joseph Stephens o Heddlu Llundain yn Uwcharolygydd. Ar gais Ynadon Merthyr a Phencelli, rhoddwyd

Police Forces By Borough

Aberystwyth 1837-1857

1837 – Conforming to the Municipal Corporations Act of 1835 – despite much local opposition – a police force was established in the Borough of Aberystwyth. Of the two full time members, one was appointed Head Constable and paid at the rate of One Pound two shillings and sixpence (£1.12½p) per week. The second was a constable with the weekly rate of fourteen shillings (70p). Thirty-three Special Constables were also installed at the rate of two shillings (10p) per week. The men's uniforms consisted of black beaver hats with patent leather tops, dark blue, long-tailed coats and white trousers.

1857 – At the court of Quarter Sessions held at Aberaeron on 13th June, an agreement was made between Aberystwyth Borough and the County of Cardiganshire to amalgamate their two forces into one Cardiganshire Constabulary.

Brecon 1829-1899

1829 – Brecon Borough Corporation appointed its first Borough Police Officer, one Thomas Bradford from Hereford. Bradford was also given the office of Sergeant at Mace.

1836 – The Municipal Corporations Act of 1835 came into being. One Jonas Williams (No: BP1) was given a payment of Seven Pounds and ten shillings (£7.50) for a three-month appointment of Chief Police Officer and Town Gaoler. His patrol beat was the upper division of St. John's. He was also given two assistants, the first being David Davies (No: BP2), whose beat covered the area of Ship Street and the Parish of St. David's. The second assistant was John Waters (No: BP3), who patrolled the chapelry of St. Mary's (town centre). Each man was provided with a blue coat, the collar of which bore his official number.

1840 – The Brecon Borough Watch Committee was established, and it immediately assumed control of the Borough Police. In the same year, they appointed one John Powell as Constable, with the weekly wage of ten shillings (50p). The salary of the Sergeant Gaoler was fixed at the rate of £30 with a gaol coal allowance of £5, while the wages of the two remaining constables was increased from ten shillings to twelve shillings and sixpence (62½p), on condition that one of them was to remain on watch each night.

1842/3 – A new Borough Gaol and Lock-up was erected at the postern end of the castle at a cost of £314. At the same time, one Joseph Stephens of the Metropolitan Police was

swydd ychwanegol i Stephens, sef Uwcharolygydd Cantref Merthyr a Phencelli.

1888 – Cafodd Heddlu Bwrdeistref Aberhonddu ei gymeryd drosodd gan Heddlu newydd Sir Frycheiniog. Roedd gweithlu'r hen heddlu yn cynnwys un Prif Uwcharolygydd (Philip Stephen Clay), un rhingyll a phedwar cwnstabl. Trosglwyddodd Clay i'r heddlu newydd am gyflog o £100 – yr un faint ag y câi gan yr hen heddlu namyn y lwfansau. Ond yn fuan wedyn, gorchmynnwyd bod swydd yr Uwcharolygydd, a oedd yn swydd ychwanegol yn yr Heddlu Sirol, yn cael ei diddymu cyn gynted ag y byddai modd. Daeth yr orsaf a'r carchar i fod yn Ddalfa Sirol ac yn gartref i Ringyll Heddlu Sir Frycheiniog. Credir bod Clay, yn ddiweddarach, wedi'i benodi'n Brif Gwnstabl Heddlu Southampton rhwng 1889-1892, ac yna'n Brif Gwnstabl dros Heddlu Dinasol Nottingham. Deallir hefyd ei fod yn un o'r rhai a sefydlodd Cymdeithas y Prif Gwnstabliaid, gan ddod yn llywydd y gymdeithas honno ym 1902.

Caerfyrddin 1836-1947

1792 – Cafodd yr olaf o hen gatiau tref Caerfyrddin – Gât Stryd y Brenin a Phorth Tywyll – eu dymchwel.

1804 – Adeiladwyd dalfa fach, sef y 'Y Tŷ Crwn' ym Maes Cambria, a dodwyd hi yng ngofal Wil-y-Lôn, Gwyliwr anllythrennog a dderbyniai ychydig geiniogau am gerdded strydoedd y dref a chynnau a diffodd y lampau olew, rhoi'r meddwon dan glo ac adrodd yn ôl i'r Maer ynglŷn â digwyddiadau'r nos.

1810 – Ychwanegwyd at y Tŷ Crwn er mwyn creu Carchar Bwrdeistrefol.

1831 – Nid yw'n hollol glir pryd y cerddodd y plismon cyntaf y bît yng Nghaerfyrddin ond, yn ystod y flwyddyn hon, gwelwyd pen llanw blynyddoedd o anniddigrwydd cymdeithasol a therfysgaeth ynghyd â galwadau am ddiwygio'r drefn etholiadol, a syrthiodd y cyfrifoldeb am gadw'r heddwch ar ysgwyddau pump Gwyliwr rhan-amser y dref. Penodwyd James Evans, gweithiwr yn y diwydiant sinc, yn Brif Gwnstabl ar gyflog o £20. Ei gynorthwywyr oedd David Rees, David Woozley, Thomas Thomas a David Morgan – pedwar llafurwr. Mewn nifer o drefi arweiniodd yr Etholiadau i Ddiwygio'r Senedd at derfysgaeth ac felly hefyd yr oedd hi yn nhref Caerfyrddin a oedd yn nwylo'r Torïaid ac, o ganlyniad, bu'n rhaid ymarfer y Gwrit Frenhinol ar ddau achlysur. Anfonwyd milwyr i Gaerfyrddin ar ddau achlysur a'r eildro, daeth chwe swyddog o Heddlu Llundain i'r dref a rhoddwyd yr awennau yn nwylo'r Uwcharolygydd John Lazenby o Ranbarth Marylebone; serch hynny, bu'n rhaid iddynt dyngu llw fel Cwnstabliaid Gwirfoddol. Er i Evans gael ei ddisodli gan Lazenby, arhosodd Evans gyda'r heddlu am ddwy flynedd arall.

1832 – Penodwyd yr Uwcharolygydd John Lazenby yn Brif Gwnstabl. Cododd terfysg ei ben unwaith eto, dodwyd y

appointed Superintendent. At the request of Merthyr and Pencelly Magistrates, Stephens was later given the additional appointment of Superintendent of the Hundred of Merthyr and Pencelly.

1888 – Brecon Borough Police was taken over by the newly established Breconshire Constabulary, the strength of the old force being one Chief Superintendent (Philip Stephen Clay), one sergeant and four constables. Clay transferred to the new force at a salary of £100 – the same as he had received in the old force, but without allowances. Thereafter, it was ordered that the additional office of Superintendent of the County force be dispensed with as soon as circumstances permitted. Both the station and gaol became residence for the Breconshire Constabulary Sergeant and County Lock-up. It is believed that Clay was later appointed Chief Constable of Southampton for the period 1889-1892, after which time he became Chief Constable of Nottinghamshire City Police. It is also understood that he was amongst those who formed the Chief Constables' Association, becoming its president in 1902.

Carmarthen 1836-1947

1792 – The last of Carmarthen's old town gates – King Street Gate and Dark Gate – were pulled down.

1804 – A small lock-up called 'The Roundhouse' was built in Cambrian Place. It was manned by one Wil-y-Lôn ('Wil-the-Lane'), an illiterate Watchman who was paid a few pence to walk the town's streets, lighting or dousing its oil lamps, locking up the drunks and reporting the night's events to the mayor.

1810 – The Roundhouse was enlarged to become the Borough Gaol.

1831 – It is not clear when the first policemen pounded a beat in Carmarthen, but years of public agitation and riots amid the clamour for electoral reform came to a climax in this year, and it fell to the town's five part-time Watchmen to keep the peace: James Evans, zinc worker, was appointed Chief Constable with a salary of £20. His assistants were labourers David Rees, David Woozley, Thomas Thomas and David Morgan. In many towns, Parliamentary Reform Elections degenerated into riots, not the least in Tory-run Carmarthen, where the King's Writ was twice employed. Troops were twice despatched to the town, and on the second occasion six officers from the Metropolitan Police arrived with Superintendent John Lazenby of London's Marylebone Division placed in charge, although they all had to be sworn in as Special Constables. Superseded by Lazenby, Evans still remained with the force for a further two years.

1832 – Superintendent John Lazenby was appointed Chief Constable. Mob rule reared its head again, and once more under pressure, the Mayor read the Riot Act and once again

Maer dan bwysau mawr a bu'n rhaid iddo ddarllen y Ddeddf Derfysgaeth a galw'r milwyr i mewn. Sefydlwyd Deddf Diwygio Etholiadol 1832.

1834 – Sefydlwyd Comisiwn mewn ymateb i'r anfadwaith a'r erchyllta a welwyd yn y Bwrdeistref yn ystod 1832 (a'r 40 mlynedd cyn hynny). Riportiodd y comisiwn fod Caerfyrddin yn *'un o'r ddau fwrdeistref mwyaf llygredig yn y deyrnas'*. Yn ei adroddiad 15-tudalen cyhuddwyd y gorfforaeth – ymhlith pethau eraill – o dwyll etholiadol, ffugio cymwysterau'r bwrdeiswyr, twyll wrth werthu eiddo a thir, rigio rheithgorau, camymddwyn cyllidol, celu camymddygiad cyllidol a rhagfarn wleidyddol. Cafodd barnwyr, rheithgorau, swyddogion y llys a Cheidwad Carchar y dref (ynghyd â'r ffaith fod y Cyn-brif Gwnstabl wedi'i ddiswyddo am resymau gwleidyddol) eu beirniadu'n hallt yn adroddiad damniol y Comisiynwyr ac, o ganlyniad, enillodd Caerfyrddin ei lle yn hanes llywodraeth leol a'r heddlu fel prif ysgogiad Deddf Corfforaethau Dinesig 1835.

Ag un ergyd, diddymwyd y Siarteri Brenhinol, a oedd yn weithredol mewn rhyw 200 bwrdeistref, gan y chwyldro hwn mewn llywodraeth leol. O hyn ymlaen byddai ynadon yn cael eu penodi gan y Goron yn hytrach na'r mwyafrif gwleidyddol lleol, diddymwyd y 'Gwarchodlu', byddai Pwyllgor Gwarchod, a oedd yn cynnwys y maer a chynghorydd, yn gyfrifol am recriwtio heddluoedd newydd a oedd yn seiliedig ar Heddlu Llundain ac, yn bwysicach fyth, byddai'n rhaid cyflwyno adroddiadau chwarterol am yr heddluoedd i'r Swyddfa Gartref.

1835 – Daeth y Ddeddf Corfforaethau Dinesig i rym a chynhaliwyd etholiad bwrdeistrefol gyntaf Caerfyrddin ar y 26ain Rhagfyr. Dechreuodd y Chwigiaid newydd-eu-hethol gyflwyno newidiadau yn syth, ac roedd y rheiny'n cynnwys sefydlu heddlu newydd, a oedd bellach yn orfodol o dan y Ddeddf uchod.

1836 – Sefydlwyd Heddlu Bwrdeistref Caerfyrddin ym mis Ionawr o'r flwyddyn hon yn unol â Deddf Corfforaethau Dinesig 1835. Cyfarfu'r Pwyllgor Gwarchod newydd ar y 4ydd Ionawr, a gydag ystyriaethau gwleidyddol yn dal i ddylanwadu'n gryf ar y penodiadau, diswyddwyd John Lazenby am iddo garcharu terfysgwyr Chwigaidd yn 1831. Yn ei le ac yn ddigyflog, penodwyd dyn o'r enw John Morris, un o gefnogwyr y Chwigiaid. Penodwyd wyth cwnstabl newydd hefyd a rhoddwyd iwnifform i bob un a oedd yn cynnwys côt gynffon fain las â choler uchel a botymau ar ei hyd, trowsus lliain a het uchel ddu. Rhoddwyd pâr o bistolau carreg fflint a phastwn pren i bob cwnstabl. Yn ogystal â'u dyletswyddau fel heddweision, roedd y dynion hyn yn gyfrifol am injan dân y dref, gyda'r bwriad o arbed y saith swllt o ernes a delid i ddynion tân!

Gwnaed Lazenby yn llywodraethwr Carchar Aberhonddu. Diswyddwyd Morris ym mis Medi a chafodd plismon o Lundain, John Hall, ei benodi fel y Prif Gwnstabl newydd.

1837 – Cymerodd John Pugh yr awennau fel y Prif Gwnstabl newydd.

called in the troops. The Electoral Reform Act of 1832 was instituted.

1834 – 'Outrages' that had occurred in the Borough during 1832 (and over the previous forty years) had prompted a Commission which reported that the government of Carmarthen was *'one of the two most corrupt boroughs in the kingdom'*. Their 15-page report charged the corporation with – among other things – electoral fraud, forgery of qualifications as burgesses, fraudulent disposal of landed property, rigging juries, fiscal misconduct, cover-up of fiscal misconduct and political bias. Judges, jurors, officers of the court, the Town Gaoler and the politically-motivated dismissal of the previous Chief Constable all came under the Commissioners' scathing report, the consequence of which earned Carmarthen a place in both local government and police history as the major contributor to the creation and passing of the Municipal Corporations Act of 1835. At a stroke, a revolution in local government did away with the erstwhile Royal Charters that affected some 200 Boroughs. Thenceforth, magistrates would be appointed by the Crown and not by local political majority, the 'Watch' was abolished, new police forces based on the model of London's Metropolitan Police were to be recruited by a Watch Committee consisting of the mayor and councillors, and more importantly, quarterly reports on each force were to be submitted to the Home Office.

1835 – The Municipal Corporations Act came into being, and Carmarthen's first Borough Elections were held on 26th December. Immediately, the newly elected Whigs began making changes, including the establishment of a new police force, as was compulsory under the above Act.

1836 – Carmarthen Borough Police was established in January of this year under the Municipal Corporations Act of 1835. The new Watch Committee met for the first time on 4th January, and with political considerations still uppermost in Carmarthen's appointments, John Lazenby was sacked, due to his gaoling of the Whig-party rioters in 1831. In his stead they placed – albeit without a salary – one John Morris, a Whig supporter. Eight new constables were also installed, and each was fitted out with uniforms of blue, high-stocked, button-through tailcoats, white 'duck' trousers and high-top black hats. Each man was then given a pair of flintlock pistols and a wooden truncheon. The men were also given the job of manning the town's fire engine in order to save the seven shillings retainer for firemen! Lazenby later became Governor of Brecon Gaol. In September, Morris was dismissed, and a London policeman, John Hall, was installed as the new Chief Constable.

1837 – One John Pugh took over as the new Chief Constable.

1843 – Increasing taxation (tithes), Turnpike Tolls, land enclosures and general oppression of farmers and agricultural

1843 – Roedd trethi (y degwm) a Thollau Tyrpeg cynyddol, y cynllun cau tir a gorthrwm cyffredinol y gweithwyr amaethyddol wedi creu caledi ers sawl blwyddyn a daeth y mater i'r pen y flwyddyn hon gyda Therfysg Rebecca. Methiant fu ymdrechion pedwar plismon a Phrif Gwnstabl Caerfyrddin i atal yr ymosodiadau gyda'r nos ar y tollbyrth a dal y terfysgwyr ac, o ganlyniad, cawsant eu ceryddu'n llym gan yr ynadon am eu llwfrdra. Er iddynt dderbyn cymorth gan nifer fach o Gwnstabliaid Gwirfoddol a milwyr-wrth-gefn oedrannus ymddeoledig, ni lwyddodd yr heddlu i wneud fawr o argraff ar y dorf o ryw 400 o Derfysgwyr Beca – bob un wedi'i arfogi â dryll neu bistol. Ar ddiwrnod poeth ym mis Mehefin, dynesodd tua 4000 o Derfysgwyr a'u cefnogwyr at Wyrcws Caerfyrddin. Ni fedrai pum plismon Caerfyrddin wneud dim ond sefyll a gwylio wrth i'r dorf dorri i mewn i'r wyrcws a mynd ati i'w ddifrodi. Un filltir ar bymtheg i ffwrdd, ym Mhontarddulais, hysbyswyd mintai o'r 4ydd Dragwniaid Ysgafn am yr aflonyddwch a daethant ar garlam bob cam i Gaerfyrddin lle y cyfarfu yr Ynad Thomas Charles Morris â nhw a'u harwain i'r Wyrcws. Pan gyraeddasant y Wyrcws, defnyddiodd y fintai eu sabrau i ymosod ar y dorf. Dan arweiniad y Prif Gwnstabl, rhedodd yr heddlu a'r Cwnstabliaid Gwirfoddol i mewn i'r adeilad a threchu rhyw drigain o derfysgwyr. Er i Rebecca a'r arweinwyr eraill lwyddo i ddianc a pharhau i ymosod ar dollbyrth eraill, rhoddwyd terfyn ar y bygythiad yng Nghaerfyrddin – gyda chymorth tua hanner cant o blismyn ychwanegol o Lundain. Diswyddwyd y Prif Gwnstabl John Pugh gan y Pwyllgor Gwarchod ar sail ei analluu fel arweinydd a phenodwyd un o'i gwnstabliaid, Nicholas Martin, yn Brif Gwnstabl Dros Dro yn ei le. Ym mis Awst, cafodd Henry Westlake ei benodi'n Brif Gwnstabl ar gyflog o £80. O fewn ychydig wythnosau wedi'i benodiad, ceisiodd Westlake a'i bedwar cynorthwy-ydd gymryd safiad cadarn yn erbyn y rhai a arferai feddwi yn y dref ar y penwythnos. O ganlyniad, bu bron i derfysg arall gychwyn ac achubwyd y plismyn gan ymddangosiad y 4ydd Dragwniaid Ysgafn. Parhaodd Westlake yn ei swydd fel Prif Gwnstabl am wyth mis arall cyn cael ei wneud yn Llywodraethwr Carchar Sir Caerfyrddin.

1844 – Olynydd Westlake oedd Edwin Young, a fu'n Brif Gwnstabl am dair blynedd.

1847 – James Hill George, 'hen law' a rhingyll ers 1843, oedd olynydd Young ond ymddiswyddodd ar ôl blwyddyn am nad oedd yn gallu cynnal disgyblaeth ymhlith ei swyddogion. Derbyniodd y Pwyllgor Gwarchod ei ymddiswyddiad gan ei wneud yn Arolygydd tra'u bod yn chwilio am Brif Gwnstabl newydd. Allan o'r 57 o ymgeiswyr, dewiswyd Samuel Kentish, brodor o Lanyfferi.

1848 – Ni wastraffodd Prif Gwnstabl newydd Caerfyrddin unrhyw amser cyn gwneud cais i gynyddu nifer y cwnstabliaid i saith ac i ddyrchafu un o'i ddynion, a oedd yn gallu darllen ac ysgrifennu, i reng rhingyll. Cafodd heddlu anllythrennog Caerfyrddin enw gwael am nifer o flynyddoedd am ddiffyg disgyblaeth, meddwdod, methiant i gyflawni eu dyletswyddau ac, hyd yn oed, am gadw puteindai.

workers had been a burden for many years, and their grievances culminated with the Rebecca Riots of this year. The failure of Carmarthen's four policemen and Chief Constable to prevent nightly attacks on the town's tollgates, or to capture any of the Rebecca's, brought a severe reprimand by the magistrates for their cowardice. Despite having the assistance of a few Special Constables and elderly army reservist pensioners, the police were unable to put up much of a show against the 400 or so Rebecca's – all armed with shotguns and pistols. On a hot day in June, some 4,000 Rebecca's and supporters advanced to Carmarthen Workhouse. Carmarthen's five policemen could only stand by and watch as the mob broke into the Workhouse and started to ransack it. Sixteen miles away, at Pontardulais, a detachment of 4th Light Dragoons were informed of the disturbance, and they immediately galloped the entire distance to Carmarthen, where they were met by Thomas Charles Morris the magistrate, and led to the Workhouse. On arrival, the entire force began slashing the mob with their sabres. The police and Specials, led by the Chief Constable, ran inside and managed to overpower some sixty of the rioters. Although Rebecca and the other ringleaders managed to escape and continue their attacks on tollgates elsewhere, their threat to Carmarthen had been stopped – helped no doubt by the addition of a further fifty London policemen brought into the town. For his apparent inefficiency as a leader, the Watch Committee sacked Chief Constable John Pugh, and installed one of his constables, Nicholas Martin, as the acting Chief. In August, Henry Westlake became Carmarthen's next Chief Constable with a salary of £80. Within a few weeks of his appointment, he and his four assistants tried to take a firm line on the town's weekend drunks. A near riot broke out, and the policemen were saved only by the appearance of the 4th Light Dragoons. Westlake continued his role as Chief Constable for a further eight months before he got the job of Governor of Carmarthen County Gaol.

1844 – Westlake's successor as Chief was one Edwin Young, who served for three years.

1847 – James Hill George, a 'veteran' and sergeant since 1843, succeeded Young but resigned after just one year due to his inability to maintain force discipline. The Watch Committee accepted his resignation and demoted him to Inspector while advertising for a new Chief. From 57 applicants, they chose one Samuel Kentish, a native of Ferryside.

1848 – Installed as Carmarthen's new Chief Constable, Kentish wasted little time in applying for an increase to seven men, and the promotion to sergeant of one of his men who could read and write. For many years, Carmarthen's illiterate police had had a reputation for indiscipline, drunkenness, failure in doing their duty, and even the keeping of brothels.

Although he did not succeed in eradicating their bouts of drunkenness, Kentish did manage to bring a degree of control over his men, and consequently the stability it needed. A hard-drinking town, Carmarthen had some 130 public houses,

Er na lwyddodd i ddileu eu meddwdod, llwyddodd Kentish i gadw rhyfaint o reolaeth dros ei ddynion ac, o ganlyniad, i greu'r sefydlogrwydd yr oedd wir ei angen. A hithau'n dref o ddiotwyr caled, roedd gan Gaerfyrddin tua 130 o dafarndai, felly nid yw'n syndod bod nifer o weithlu ansefydlog, 'dosbarth-isel' yr heddlu yn cael eu temtio.

1857 – Yn ystod y flwyddyn hon, llwyddodd Heddlu Bwrdeistref Caerfyrddin i gynyddu ei weithlu i ddeuddeg dyn, gan gynnwys Prif Gwnstabl, dau ringyll a naw cwnstabl. Yn arian y cyfnod, roedd deuddeg ceiniog neu 'copper' yn gwneud swllt, felly o hynny ymlaen cyfeiriwyd at heddlu bychan y dref fel y 'Carmarthen Shilling' – a pharhaodd yr heddlu, a'r enw am bedwar ugain o flynyddoedd. Disodlwyd yr hen iwnifform – yr 'het silc a chot cynffon fain', gan ddiwnig hir ddu â botymau arian, gwregys ledr ac arni fwcl neidr, helmed a chlogyn – iwnifform na newidiodd braidd dim dros y 120 mlynedd nesaf. Ar ôl 22 blynedd fel Prif Gwnstabl, ac yntau wedi gwasanaethu Caerfyrddin yn dda, ymddeolodd Kentish gyda phensiwn.

1871 – Penodwyd cyn swyddog Milisia a brodor o Gaerfyrddin, y Capten D. I. Brown-Edwardes yn Brif Gwnstabl.

1876 – Olynwyd Brown-Edwardes gan Frank D. Lewis ond ymddiswyddodd y gŵr hwn ar ôl deng mis yn unig yn y swydd.

1877 – Y llwyrymwrthodwr George James, cyn ringyll gyda Heddlu Morgannwg a Phrif Warchodwr Carchar Sirol Caerfyrddin oedd y nesaf i ddal swydd y Prif Gwnstabl a bu yn y swydd tan ei farwolaeth ym 1887.

1887 – Gwnaed y Cyn-dditectif Ringyll Thomas Smith o Heddlu Abertawe yn Brif Gwnstabl. Ymddeolodd gyda phensiwn yn 1911 ar ôl bod yng ngwasanaeth yr Heddlu am 40 mlynedd.

1894 – Crogwyd Thomas Richards o'r Borth am lofruddio gwraig ei ffrind, y person diwethaf i gael ei ddienyddio yng Nghaerfyrddin.

1912 – Penodwyd Arthur Killick Mayal yn Brif Gwnstabl. Yn wreiddiol o Oldham, bu'n gwasanaethu yng Nghaerfyrddin am bum mlynedd cyn dychwelyd i Heddlu Oldham fel Prif Gwnstabl.

1918 – Olynwyd Mayal fel Prif Gwnstabl gan yr Arolygydd Herbert Hilton o Heddlu Bwrdeistref Southend-on-Sea, ond byr fu ei arhosiad ac, ar ôl saith mis yn unig, trosglwyddodd yr awenau i'r Arolygydd/Prif Glerc William Evans o Heddlu Dinas Caerfaddon a fu'n Brif Gwnstabl dros Heddlu Bwrdeistref Caerfyrddin tan 31ain Mawrth 1947.

1939 – Cychwynnodd yr Ail Ryfel Byd ac, yn sgil y dyletswyddau ychwanegol a syrthiodd ar yr heddlu, cynyddodd gweithlu'r 'Carmarthen Shilling' i un ar bymtheg o swyddogion a sefydlwyd Heddlu-wrth-gefn pwrpasol yn cynnwys Cwnstabliaid Gwirfoddol. Ers 1836, roedd adeilad yr Orsaf

so it is hardly surprising that many of its ever-changing force of 'low class' policemen often fell foul.

1857 – In this year, Carmarthen Borough Police achieved its strength of twelve men, comprising one Chief Constable, two sergeants and nine constables. In the monetary values of the period, twelve pence or 'coppers' equalled one shilling; henceforth, the town's little police force became known as the 'Carmarthen Shilling' – a force and a name that remained for eighty years. The old uniform of 'top hat and tails' was replaced by the long, black, silver-buttoned tunic and leather belt with snake buckle, helmet and cape – a uniform that, with few changes, remained ostensibly the same for the next 120 years. After a service of 22 years, Kentish retired on pension, having served Carmarthen well.

1871 – Ex-Militia officer and native of Carmarthen, Captain D. I. Brown-Edwardes became Chief Constable.

1876 – Frank D. Lewis succeeded Brown-Edwardes, but resigned after only ten months.

1877 – Teetotaller George James, an ex-Glamorgan Police Sergeant and Chief Warder of Carmarthenshire County Gaol, was appointed the office of Chief Constable. He held the post until his death in 1887.

1887 – Ex-Detective Sergeant Thomas Smith from Swansea Police became Chief Constable, retiring on pension in 1911 after forty years service as a police officer.

1894 – The last execution held in Carmarthen, when Thomas Richards of Borth was hanged for the murder of his friend's wife.

1912 – Arthur Killick Mayal was appointed Chief Constable. Originally from Oldham Police, he served for five years in Carmarthen before returning again to Oldham Police as Chief Constable.

1918 – Inspector Herbert Hilton of Southend-on-Sea Borough Police succeeded Mayal as the new Chief Constable, but remained for only seven months, handing succession to Inspector/Chief Clerk Howell William Evans of Bath City Police. Evans remained as Carmarthen Borough Police Chief Constable until 31st March 1947.

1939 – Due to the outbreak of the Second World War and the resultant additional duties placed upon it, the establishment of 'The Carmarthen Shilling' was increased to a total of sixteen officers with an additional War Reserve of Special Constables. The Police Station block in Cambrian Place had, since 1836, also housed the town's fire engine, and when the fire bell rang, the entire force of police and fire auxiliaries turned out. With the outbreak of war, the National Fire Service took over the responsibilities.

Heddlu ym Maes Cambria wedi bod yn gartref i injan dân y dref a phan fyddai'r gloch dân yn canu, byddai'r swyddogion heddlu a'r gweithwyr tân yn troi allan. Pan ddechreuodd y Rhyfel cymerodd y Gwasanaeth Tân Cenedlaethol gyfrifoldeb am y dyletswyddau hyn.

1947 – Dan ddarpariaeth Deddf yr Heddlu 1946, unwyd Heddlu Bwrdeistref Caerfyrddin a Heddlu Sir Gaerfyrddin ar y 31ain Mawrth 1947 gan ddod â 101 mlynedd o blismona Bwrdeistrefol i ben.

Hwlffordd 1835-1889

Mae'n bosib taw'r cyfeiriad cyntaf at blismona yn Hwlffordd yw un sy'n dyddio'n ôl i 1644 pan gyhoeddwyd gorchymyn i'r Uchel Gwnstabl a'r Is-gwnstabliaid i gadw gwyliadwriaeth yn ardal Black Hills. Yn ôl yr arfer, cawsai cwnstabliaid di-dâl eu hethol yn flynyddol i wasanaethu eu plwyfi, o restrau o enwau a gyflwynwyd i'r Ustusiaid.

Diwedd y 18fed Ganrif – Cafodd [daeargelloedd?] y castell eu gosod i Sir Benfro i'w defnyddio fel carchar.

1820 – Adeiladwyd carchar pwrpasol (yr Archifdy Sirol a'r Amgueddfa cyfredol) gerllaw'r castell.

1834 – Mewn adroddiad comisiwn am y Fwrdeistref dywedwyd, *'The police consists of two High Constables and fourteen Petty Constables'*. Talwyd cyflog o £40 i un o'r Uwch Gwnstabliaid a dewiswyd y llall yn flynyddol yn y Llys Chwarter. Dewiswyd dau Is-gwnstabl o bob ward a chawsant awdurdod i weithredu ar draws y Fwrdeistref. Dywedodd yr adroddiad hefyd bod un o bob tri o'r Is-gwnstabliaid yn cael eu cynorthwyo gan ddirprwy, *'. . . who receives at the utmost three shillings . . .'*, a hynny am flwyddyn, am gyflwyno gwarantau, ac ati. Daeth yr adroddiad i'r casgliad: *'the constables are under the control of the magistrates, but there is no attempt at the prevention of crime, or any regular system of police'*.

1835 – Canlyniad cenedlaethol adroddiad y comisiynydd oedd cyhoeddi'r Ddeddf Corfforaethau Trefol yn y flwyddyn hon. Galluogai'r ddeddf honno y bwrdeistrefi i sefydlu eu heddluoedd a'u pwyllgorau gwarchod eu hunain, a dyma'r adeg pan ffurfiwyd heddlu bwrdeistref Hwlffordd. Credir i un o'r enw Thomas Morgan Lewis gael ei benodi'n rhingyll.

1836 – Dyfarnwyd gwobr o £5 i Rhingyll Lewis a dau gwnstabl dienw *'. . . For extraordinary diligence in the execution of their duty'*. Talwyd cyflog o £50 y flwyddyn i Lewis a £20 y flwyddyn yr un i'r cwnstabliaid. Darparwyd eu gwisg am gost o £6-7s-7d (£6.38) am y defnydd a £1-1s (£1.05) am yr hetiau. Yn y flwyddyn hon, llogwyd tŷ fel gorsaf heddlu a hynny am bedwar swllt (20c) yr wythnos.

1839 – Gorchmynnwyd gwisgo sgidiau â lasys. Credir bod Rhingyll Lewis wedi ymddiswyddo er mwyn cymryd swydd fel Uwcharolygydd gyda heddlu sirol newydd Morgannwg. Ni phenodwyd rhingyll yn ei le ond cadwyd y tri chwnstabl.

1947 – Under the provisions of the Police Act of 1946, Carmarthen Borough Police was amalgamated on 31st March 1947 with Carmarthenshire Constabulary, thus ending 101 years of Borough policing.

Haverfordwest 1835-1889

Perhaps the earliest reference to policing in Haverfordwest is one dating back to 1644, where an order is made to the High Constable and Petty Constables regarding keeping the watch of the Black Hills area. In keeping with usual policy, unpaid constables were elected to serve their parish annually, from lists submitted to the justices.

Late 18th Century – The castle [dungeons?] were let to Pembrokeshire for use as a county gaol.

1820 – A gaol proper (now the County Record Office and Museum), was built adjoining the castle.

1834 – A commission report on the Borough stated that *'The police consists of two High Constables and fourteen Petty Constables'*. Of the former, one was given a salary of £40, the other chosen annually at Quarter Sessions. Two Petty Constables were selected from each ward and had authority to act throughout the Borough. The report also stated that one third (of the Petty Constables) served by deputy, *'. . . who receives at the utmost three shillings . . .'* for the year, for the serving of warrants &etc. The report concluded: *'the constables are under the control of the magistrates, but there is no attempt at the prevention of crime, or any regular system of police'*.

1835 – The outcome of the commissioners' report, nationally, was the Municipal Corporations Act of this year, enabling all boroughs to establish their own police forces and watch committees. Haverfordwest formed its own borough police at this time. It is believed that one Thomas Morgan Lewis was appointed as sergeant.

1836 *'For extraordinary diligence in the execution of their office'*, Sgt Lewis and two unnamed constables were awarded £5. Lewis' salary was fixed at £50 per annum, and each of the constables was paid at the rate of £20 per annum. Clothing was provided for them at a cost of £6-7s-7d (£6.38p) for cloth, and £1-1s (£1.05p) for hats. A house for a police station was rented this year at the rate of four shillings (20p) per week.

1839 – The wearing of laced boots was ordered. Sgt Lewis is believed to have resigned in order to take up a post as Superintendent of the new county police force of Glamorganshire. Haverfordwest did not seek a replacement sergeant, but continued with its three constables.

1840 – The names of three constables are revealed as Harry Edmund Pyme, Thomas Roch Garrett and William Williams

1840 – Enwau'r tri chwnstabl oedd Harry Edmund Pyme, Thomas Roch Garrett a William Williams ac fe'u talwyd 10 swllt (50c) yr wythnos. Roedd y Pwyllgor Gwarchod am weld un cwnstabl ar ddyletswydd yn ystod y dydd a dau rhwng 10 y nos a thoriad dydd. Darparwyd llusernau ar eu cyfer.

1846 – Rhoddwyd selnod ac arno'r geiriau *'Police of Haverfordwest'* i bob swyddog, a hynny, yn ôl pob tebyg, ar gyfer stampio dogfennau ac adroddiadau swyddogol. Yn dilyn ymchwiliad i ymddygiad ac effeithlonrwydd yr heddlu, cafodd y Cwnstable Harry Payne ei ddyrchafu'n rhingyll. Rhoddwyd cyflog wythnosol o 12s (60p) iddo ac 11s (55p) i'r Cwnstabliaid Garrett a Williams. Cyflogwyd cwnstabl ychwanegol – heb iwnifform – i warchod maestrefi Prendergast a Cartlett rhwng 8 p.m. a 2 a.m. Ar yr adeg hon, roedd dyletswyddau'r heddlu yn cynnwys glanhau a rhoi olew ar Injan Dân y Fwrdeistref.

1851 – Cynhaliwyd ymchwiliad i effeithlonrwydd yr heddlu yn sgil ymosodiad ar ddau gwnstabl gan ddau garcharor yn y flwyddyn flaenorol. Argymhellodd y pwyllgor y dylid penodi uwcharolygydd (person heb unrhyw gysylltiad â'r ardal) am gyflog o £50, gyda gorsaf heddlu yn gartref iddo a dau gwnstabl ar gyflog o 12s yr wythnos i'w gynorthwyo. Felly y penodwyd John Robinson yn Uwcharolygydd. Israddiwyd Rhingyll Pyme i reng Cwnstabl a diswyddwyd Garrett a'r cwnstabl ychwanegol Davies. O fewn tri mis wedi penodiad Robinson, roedd Williams a Pyme wedi ymddiswyddo – bu rhaid i'r Fwrdeistref ddwyn achos cyfreithiol yn erbyn yr olaf i'w symud o'r orsaf heddlu lle'r oedd yn parhau i fyw. Recriwtiwyd Reuben Thomas a John Wade i gymryd y swyddi gwag. Prynwyd un cytlas, tair ffon a thair rhuglen at ddefnydd yr heddlu.

1852 – Sicrhawyd tŷ am rent blynyddol o bum gini (£5.25) yn gartref i'r Cwnstabl Wade tra bod Thomas yn trigo yn y Tŷ Clo – y ddau yn ddi-rent. Talwyd 1s (5c) ychwanegol i Thomas am lanhau'r Tŷ Clo. Dyma'r adeg pan ddisodlwyd y tâl blynyddol o 12s (60c) ar gyfer sgidiau gan lwfans wythnosol o 6d (2½c).

1853 – Agorwyd gorsaf drenau Hwlffordd. I ddathlu'r achlysur cyhoeddwyd Gŵyl Gyhoeddus, rhoddwyd cwrw am ddim yn y mwyafrif o dafarndai ac arweiniwyd gorymdaith i'r orsaf drenau gan yr heddlu a band lleol. Darparwyd gwledd ar gyfer tua dwy fil o dlodion y dref gan y maer a chynhaliwyd gorymdaith golau ffagl ac arddangosfa dân gwyllt ar yr arglawdd ger adfeilion y priordy. Galwyd ar Gwnstabliaid Goruchwyliol neu Uwch Gwnstabliaid o'r amryw Gantrefi i gynorthwyo'r Heddlu Bwrdeistrefol. Un digwyddiad yn unig a recordiwyd lle y bu'n rhaid i'r heddlu dynnu eu cytlasau i wasgaru'r dyrfa.

1854 – Ymddeolodd Wade ym mis Hydref a deallir ei fod wedi mynd yn Gwnstabl Goruchwyliol yng Nghantref Daugleddau yn y flwyddyn ganlynol. Credir hefyd ei fod wedi gwasanaethu fel rhingyll yn Solfach gyda Heddlu Sir Benfro pan y'i ffurfiwyd ym 1857.

– all paid 10 shillings (50p) weekly. The Watch Committee required one constable to be on duty during the day, and the other two between 10pm and daybreak. They were also provided with lanterns.

1846 – A seal, bearing the words 'Police of Haverfordwest' was issued to each police officer, presumably to stamp official documents and reports. Following an enquiry into the conduct and efficiency of the force, Constable Harry Pyme was promoted to the rank of Sergeant. He was awarded 12s (60p) per week pay, while Constables Garrett and Williams were given 11s (55p). An additional constable – though not uniformed – was employed in the suburbs of Prendergast and Cartlett between the hours of 8 p.m. and 2 a.m. At this time, police were required to clean and oil the Borough Fire Engine as part of their duties.

1851 – An assault on two constables by two prisoners in the station house the previous year brought about an enquiry into the efficiency of the police. The committee recommended that a superintendent (who should be unconnected with the locality) be appointed at a salary of £50, with a police station as his residence, and with two constables to assist him at a weekly wage of 12s per week. John Robinson was thus appointed as Superintendent. Sgt Pyme was reverted to Constable, while Garrett and extra-constable Davies were discharged. Within three months of Robinson's appointment, both Williams and Pyme resigned – the latter requiring the Borough to institute legal proceedings to remove him from the station where he was continuing to reside. Reuben Thomas and John Wade were recruited to fill the vacant posts of constables. One cutlass, three staves and three rattles were bought for police use.

1852 – A house at the annual rent of five Guineas (£5.25p) became the residence of Constable Wade, while Thomas occupied the Lock-up House – both rent free. Thomas was paid an additional 1s (5p) for cleaning the Lock-up. At this time, a boot allowance of 6d (2½p) per week replaced the 12s (60p) annual cost of boots.

1853 – Haverfordwest Railway Station was opened. Celebrations included the day being made a Public Holiday, free beer in most hostelries, a procession to the railway station led by police and a volunteer band. Some two thousand of the town's poor were treated to a meal by the mayor, and a torchlight procession and fireworks display took place at the embankment overlooking the priory ruins. Superintending or High Constables from the various Hundreds were called upon to assist the Borough Police. One incident only was recorded where police had to draw their cutlasses in order to disperse the crowd.

1854 – Constable Wade resigned in October and is understood to have become Superintending Constable for the Hundred of Dungleddy the following year. He is also believed to have later served as a sergeant in Solva with the Pembrokeshire Constabulary when it was formed in 1857.

1855 – Ym mis Tachwedd o'r flwyddyn hon, pasiwyd cofnod gan Gyngor y Dref yn dweud ei bod yn 'berffaith fodlon' ag ymddygiad yr heddlu (am eu hymdrechion adeg dathlu Rhyddhau Sebastopol) ac y dylid cyfleu neges o ddiolch i'r heddlu trwy'r Uwcharolygydd.

1856 – A hwythau wedi digio yn sgil pasio'r Ddeddf Heddlu Sirol a Bwrdeistrefol, rhoddodd Cyngor y dref orchymyn i'r Maer i anfon deiseb i Dŷ'r Cyffredin i'r perwyl na ddylai'r Mesur gael ei wneud yn gyfraith. Anfonwyd ail ddeiseb yn nes ymlaen yn anghymeradwyo unrhyw ymyrraeth yn y dull cyfredol o reoli Heddlu'r Fwrdeistref.

1857 – Penodwyd Richard Morse yn gwnstabl ychwanegol am gyflog o 15s (75c). Buasai'n Gwnstabl Plwyf am dair blynedd cyn hynny.

1859 – Yn dilyn adroddiad cymysg gan HMIC, ataliodd yr Ysgrifennydd Cartref gymorth Grant i'r Heddlu Bwrdeistref. Yn ôl yr adroddiad, er bod gwelliannau i'w gweld mewn rhai meysydd, roedd rhannau helaeth o'r dref yn ddiamddiffyn gyda'r nos ac nid oedd yr heddlu'n cael eu goruchwylio.

1860-1945 – Roedd cardota wedi bod yn broblem yn y dref ers degawdau, a beiid y cardotwyr am y rhan fwyaf o'r troseddu yn y dref. I atal y wyrcws rhag gwrthod cymorth i dlodion gwirioneddol, awdurdodwyd yr Heddlu i gyhoeddi Tocynnau Lletya, gan roi stop ar y broblem gardota.

1861 – Gofynnodd y Pwyllgor Gwarchod i'r Uwcharolygydd Robinson ymddiswyddo pan gafwyd ef yn euog o ffugio adroddiad yn honni iddo ddioddef ymosodiad ac anafiadau. Y gwir oedd iddo gael ei ddenu i ymuno mewn sesiwn yfed yn y New Inn, Upper Market Street, yna, ac yntau wedi meddwi, rhedodd i mewn i bostyn lamp a chael anafiadau i'w wyneb. Hysbysebwyd am ringyll i gymryd ei le; cafwyd pum ymgeisydd a phenodwyd Josiah Clement Bowden o Abertawe. Rhoddwyd iddo gyflog o £52 a thŷ yn ddi-rent. Bu yntau yn allweddol yn prynu stretsier at ddefnydd yr heddlu ac mae'n bosib mai ef oedd yn gyfrifol am benderfyniad y Pwyllgor Gwarchod i gyhoeddi set o Reolau a Rheoliadau ym mis Medi o'r flwyddyn hon.

1862 – Yn dilyn nifer o newidiadau staff a methiant yr heddlu i ddatrys llofruddiaeth plentyn, ymadawodd Rhingyll Bowden â'r Heddlu Bwrdeistref. Hysbysebwyd am Uwcharolygydd i lenwi'r swydd ac aeth y cyflog i fyny'n sylweddol i £70. Penodwyd dyn o'r enw James Cecil.

1862-1869 – Digwyddodd nifer o newidiadau yn y cyfnod hwn; yn ogystal â bod yn warcheidwad y gyfraith, roedd yr heddlu bellach yn dyblu fel swyddogion iechyd cyhoeddus y Fwrdeistref. Cyflenwyd dŵr mewn pibellau am y tro cyntaf, a rhoddwyd rhodd ariannol i un Cwnstabl am ymddygiad da yn ystod ei 3½ blynedd yn y gwasanaeth. Cafodd yr Uwcharolygydd Cecil ganiatâd i fyw mewn tŷ nad oedd yn rhan o adeilad yr heddlu a symudodd i Tower Hill, gerllaw yr hyn sydd heddiw yn cael ei adnabod fel y Mariner's Hotel.

1855 – In November of this year, the Town Council passed a minute wherein it stated it was *'perfectly satisfied'* with the conduct of the police (for their efforts during the celebrations regarding the Relief of Sebastopol), and that a vote of thanks be passed to the police through the Superintendent.

1856 – Resenting the passing of the County and Borough Police Act, the Town Council instructed the Mayor to send a petition to the House of Commons to say that the Bill should not be passed into law. A second petition was later sent deprecating any interference in their present mode of managing the Borough Police.

1857 – Richard Morse was appointed as an extra constable at a wage of 15s (75p). He had previously been a Parish Constable for three years.

1859 – Due to a mixed report from HMIC, the Home Secretary withheld Grant aid for the Borough Police. The report stated that although improvements had been made in some areas, it found that large portions of the town were left unprotected at night, and that there was no supervision.

1860-1945 – Vagrancy had been a problem for decades in the town, vagrants being held responsible for most crime. To stop the workhouse denying relief to genuine paupers, Police were authorised to issue Lodging Tickets, which put a check on vagrancy.

1861 – Found guilty of falsifying a report wherein he stated he had been attacked and injured, Supt. Robinson was called upon to resign by the Watch Committee. Their investigation found that he had in fact been induced into a bout of drinking at Robinson's, New Inn, Upper Market Street; and drunk, had run into a lamp post and sustained facial injuries. To replace him, the post of Sergeant was advertised, and of the five applicants, Josiah Clement Bowden from Swansea was appointed at a salary of £52 along with a rent-free house. He was instrumental in purchasing a stretcher for the use of police, and may also have been responsible for the Watch Committee producing a set of Rules and Regulations in September of this year.

1862 – Following several personnel changes and the unsolved murder of a child, Sgt Bowden left the Borough Police. The post was re-advertised as Superintendent, with a substantial salary increase to £70. One James Cecil was appointed.

1862-1869 – A number of changes took place during this period; police had now become the Borough's public health officials as well as guardians of the law. Piped water came into being, and one PC was granted a gratuity for good conduct during his 3½ year service. Supt. Cecil was given permission to live away from police premises, and moved to Tower Hill, adjacent to what became the Mariner's Hotel.

1866 – PC Morse and his family occupied the Station House, where Mrs Morse was to act as female searcher.

1866 – Daeth PC Morse a'i deulu i Dŷ'r Orsaf, lle'r oedd disgwyl i Mrs Morse chwilio'r carcharorion benywaidd.

1869 – Ymddiswyddodd yr Uwcharolygydd Cecil yn ddisymwth yn dilyn carwriaeth neu '. . . *affair of the heart*'. Cymerwyd y swydd gan Richard Lewis.

1870 – Ymddiswyddodd yr Uwcharolygydd Lewis yn dilyn anghydfod â Chyngor y Dref ynglŷn ag arian dirwyon ac ensyniadau nad oedd yr injan dân yn derbyn y gofal cywir.

1871 – Cymerodd John Williams drosodd wrth Lewis fel Uwcharolygydd a bu yn y swydd hyd nes yr unwyd yr heddlu yn 1889 – sef y cyfnod hiraf i unrhyw brif swyddog wasanaethu'r Fwrdeistref.

1872 – Cafwyd gwelliant yn yr amodau gwaith a chododd cyflog y PCs i 20s (£1) yr wythnos. Disodlwyd yr hen ddiwnig gan ffrog-côt newydd.

1878 – Caewyd Carchar y Sir.

1888 – Yn sgil mesurau ad-drefnu, roedd gan yr heddlu bellach un uwcharolygydd, un rhingyll a phedwar cwnstabl.

1889-90 – Yn unol â'r Ddeddf Llywodraeth Leol a gyhoeddwyd yn y flwyddyn hon, gorfodwyd y fwrdeistref i uno â'r heddlu sirol.

Cydweli 1857-1858

Yr un fath ag ardaloedd eraill ledled y Deyrnas Unedig, roedd gan dref Cydweli Gwnstabliaid Plwyf rhan-amser a etholwyd yn flynyddol. Yn ogystal, roedd gan y dref garchar.

1857 – Adeg un o'u hamryw ymdrechion i osgoi talu'r dreth sirol, ceisiodd Bwrdeiswyr Cydweli ddefnyddio'i statws Bwrdeistrefol a roddwyd i'r dref gan Frenin James I i atal awdurdod y Cwnstabliaeth Sirol dros y dref ac, ym mis Rhagfyr, cyflogwyd gŵr o'r enw Mr Rowland yn Gwnstabl Bwrdeistrefol. Fodd bynnag, dyfarnodd swyddogion Whitehall na fedrai Cydweli, yn unol ag amodau Deddf Corfforaethau Dinesig 1835 a Deddf yr Heddlu 1856, hawlio esemptiad.

1858 – Yn dilyn cyfnod o ddadlau chwyrn ac ymweliad ym mis Mai gan Brif Gwnstabl Cwnstabliaeth Sir Gaerfyrddin, ysgrifennodd Maer y dref at y Prif Gwnstabl, gan ddweud, '. . . *On behalf of the Corporation of the Borough of Kidwelly I hereby give you notice that we do not recognize the right or authority of the Court of Quarter Sessions for the County of Carmarthen to interfere with the Constables of the Borough . . . any attempt on your part . . . will be considered an unjustifiable infringement on the Chartered Rights of the Corporation, and will be resisted by such means as we may be advised to adopt.*' Er gwaethaf y bygythiad hwn, ar ddechrau mis Awst o'r flwyddyn honno, dewiswyd dau Gwnstabl Sirol i fynd i mewn i'r dref. Er na chawsant hwy na'r Prif Gwnstabl fawr o groeso, ni chawsant ychwaith unrhyw wir drafferth gan bobl

1869 – Supt. Cecil resigned suddenly following an '. . . affair of the heart'. His post was taken by one Richard Lewis.

1870 – Supt. Lewis resigned after a row with the Town Council regarding monies for fines and insinuations that the fire engine was not being properly cared for.

1871 – John Williams succeeded Lewis as Superintendent, and was to become the Borough's longest serving chief, serving until force amalgamation in 1889.

1872 – Conditions improved and PC's were given 20s (£1) per week. Frock coats were issued to replace tunics.

1878 – The County Gaol was closed.

1888 – Some reorganisation took place, the force now having one superintendent, one sergeant and four constables.

1889-90 – Conforming to the Local Government Act of this year, the borough was compelled to merge with the county force, and amalgamation took place.

Kidwelly 1857-1858

As elsewhere throughout the United Kingdom, Kidwelly had its own part time, annually elected Parish Constables. It also had its own town lock-up.

1857 – In one of their many efforts to avoid paying county rates, the Burgesses of Kidwelly used their Borough status granted by James 1 to refuse the County Constabulary jurisdiction in the town, and in December, employed one Mr Rowland as Borough Constable. Officials in Whitehall, however, ruled that Kidwelly could not claim exemption under the conditions imposed by The Municipal Corporations Act of 1835 and the 1856 Police Act.

1858 – After much wrangling, and following a visit by the Chief Constable of Carmarthenshire Constabulary in May, the town's mayor wrote to the Chief Constable stating, *'. . . On behalf of the Corporation of the Borough of Kidwelly I hereby give you notice that we do not recognize the right or authority of the Court of Quarter Sessions for the County of Carmarthen to interfere with the Constables of the Borough. . . . any attempt on your part . . . will be considered an unjustifiable infringement on the Chartered Rights of the Corporation, and will be resisted by such means as we may be advised to adopt.'* Despite this threat, in early August two specially selected County Constables were directed to enter the town, but although they and the Chief Constable were not well received,

y dref. Ar sail cyngor cyfreithiol, ildiodd swyddogion y bwrdeistref yn y diwedd gan dderbyn na fyddai'r heddlu newydd yn cael effaith andwyol ar hawliau a breintiau'r Gorfforaeth, ac, ym mis Medi, hysbyswyd Prif Gwnstabl Caerfyrddin am eu penderfyniad. Diswyddwyd PC Rowland a daeth terfyn ar hanes byr Cwnstabliaeth Bwrdeistrefol Cydweli.

Penfro 1836-1859

1836 – Yn unol â Deddf Corfforaethau Dinesig 1835, sefydlwyd Heddlu Bwrdeistref Penfro ar y 9fed Ionawr. Ar y dyddiad hwn, penodod Pwyllgor Gwarchod Penfro ddau gwnstabl; rhoddwyd y cyfrifoldeb am Ward Penfro i James Francis tra dodwyd Ward Doc Penfro yng ngofal Michael Woodcock. Er taw'r Pwyllgor benderfynodd ansawdd a steil yr iwnifform, disgwylid i'r dynion ddarparu eu gwisg eu hunain. Penderfynodd y Pwyllgor hefyd bod angen pedwar cwnstabl cynorthwyol. Erbyn Ebrill, lluniwyd cyfres o is-ddeddfau; cynigodd y Pwyllgor y dylid gostwng cyflog y cwnstabliaid i bymtheg swllt (75c) yr wythnos a hanerwyd nifer y cynorthwywyr gan adael dau.

1837 – Ym mis Awst cymerodd James Thomas a James Panter drosodd oddi wrth y Cwnstabliaid Francis a Woodcock – ond roedd y ddau wedi'u diswyddo erbyn diwedd y flwyddyn.

1840 – Mewn cyfarfod ym mis Mehefin o'r flwyddyn hon, cytunodd y Pwyllgor Gwarchod i benodi Prif Gwnstabl ar gyflog o £20 y flwyddyn. Y mis canlynol, penodwyd dyn o'r enw William Rees i'r swydd. Diswyddwyd y ddau gwnstabl ym mis Tachwedd.

1843 – O ganlyniad i gŵyn a dderbyniwyd gan y Pwyllgor Gwarchod ym mis Awst i'r perwyl bod y Prif Gwnstabl yn aneffeithiol ac yn esgeuluso'u ddyletswyddau, cafodd Rees ei ddiswyddo ond, fe'i ail benodwyd ym mis Tachwedd.

1852 – Derbyniodd y Pwyllgor Gwarchod dendr am iwnifform a oedd yn cynnwys ffrog-côt coler uchel â llabedi sengl ac arni fotymau'r heddlu, trowsus glas, het a chlogyn.

1856 – Ym mis Tachwedd ail benodwyd Cwnstabliaid Penfro a Doc Penfro ar gyflog o £30 y flwyddyn. Ail benodwyd y Prif Gwnstabl hefyd.

1857 – Penderfynodd Bwrdeistref Penfro – a oedd wedi cynnal ei heddlu annibynnol ei hunan am gyfnod o ugain mlynedd – i uno â Heddlu Sir Benfro. Gwnaed hyn er bod gan y Bwrdeistref dros 5,000 o boblogaeth, gan ei gwneud, o dan y ddeddf, yn gymwys i dderbyn Grant wrth y Llywodraeth i'w alluogi i gario ymlaen yn annibynnol. Yn unol â Deddf Heddluoedd Sirol a Bwrdeistrefol 1856, sefydlwyd Heddlu Sir Benfro ym mis Mehefin y flwyddyn honno. Ar y 14eg Gorffennaf, cynigodd Maer Penfro bod y Cyngor yn awdurdodi Ynadon y Fwrdeistref a'r Pwyllgor Gwarchod i

there was no active trouble from the townspeople. Acting on legal advice, corporation officials finally conceded that their Corporation rights and privileges would not be prejudiced by a change of police, and in September accordingly informed Carmarthenshire's Chief Constable. The very able PC Rowland was dismissed, and Kidwelly's brief Borough Constabulary was ended.

Pembroke 1836-1859

1836 – In compliance with the Municipal Corporations Act of 1835, Pembroke Borough Police was established on 9th January. On this day, the Pembroke Watch Committee appointed two constables; James Francis was given the responsibility for Pembroke Ward, while Michael Woodcock was given charge of Pembroke Dock Ward. Although the Watch Committee had decided on the quality and style of uniform, both men were expected to supply their own. The Committee also agreed the need for four assistant constables. By April, a set of By-laws had been prepared; the Committee recommended that Constables' pay be reduced to fifteen shillings (75p) per week, and the number of assistants was reduced to two.

1837 – August saw Constables Francis and Woodcock replaced with James Thomas and James Panter – both of whom were discharged by the end of the year.

1840 – The Watch Committee, meeting on June of this year, agreed to appoint a Head Constable with a salary of £20 p.a. The following month, one William Rees was installed. The two serving constables were dismissed in November.

1843 – A complaint to the Watch Committee in August, regarding the Head Constable's inefficiency and neglect of duty resulted in Rees being dismissed, although he was re-appointed in November.

1852 – The Watch Committee received a tender for a style of uniform that consisted of a single-breasted frock coat with high collar and police buttons, blue trousers, hat and cape.

1856 – In November, both Pembroke and Pembroke Dock Constables were reappointed with salaries of £30 p.a. The Head Constable was also reappointed.

1857 – Pembroke Borough – which had maintained its own police force independently for twenty years – decided to merge with the County of Pembrokeshire, even though under the Act, Boroughs with a population greater than 5,000 could qualify for Government Grant Aid to enable it to carry on independently. Under the County and Borough Act of 1856, Pembrokeshire County Police was established in June of this year. On 14th July, the Mayor of Pembroke moved that the Council authorise the Borough Magistrates and Watch Committee to confer with the County Magistrates and the Chief Constable regarding what terms they were willing to accept

ymgynghori â'r Ynadon Sirol a'r Prif Gwnstabl ynglŷn â thelerau'r cyfuniad. Roedd y Fwrdeistref yn galw am i swyddogion cyfredol Penfro a Doc Penfro gael eu cadw ymlaen tan yr uniad. Cynhaliwyd cyfarfodydd di-ri dros y deuddeg mis nesaf a chytunwyd yn y diwedd i uno'r heddluoedd ar y 10fed Ionawr 1859.

Dinbych-y-pysgod 1840-1889

Yn y cyfnod cyn pasio Deddf Corfforaethau Dinesig 1835, rhannwyd Dinbych-y-pysgod yn ddeuddeg Ward, bob un yng ngofal cwnstabl penodol. Penodwyd y cwnstabliaid yn flynyddol gan yr Ynadon yn y Llys Chwarter. Nid yw'n hollol glir pryd y penodwyd y cwnstabliaid cyntaf, ond mae bron yn sicr bod Cwnstabliaid Plwyf wedi bodoli ers nifer o flynyddoedd. Yn dilyn Deddf 1835, y Pwyllgor Gwarchod oedd yn gyfrifol am benodi'r cwnstabliaid, a phenodwyd Cwnstabliaid Gwirfoddol i'w cynorthwyo mewn argyfwng.

1840 – Gof tun o'r enw Evan Howells oedd y swyddog heddlu cyntaf i'w benodi o dan y Ddeddf newydd. Roedd y swydd yn cynnwys rôl Swyddog Heddlu, Ceidwad y Carchar a Gofalwr y Ffald ym Mwrdeistref Dinbych-y-pysgod. Roedd ei iwnifform yn cynnwys côt cynffon wennol glas tywyll, trowsus lliain gwyn a het beipen stôf ddu. Yn ystod y Gaeaf, newidiwyd y trowsus gwyn am un glas. Arferai gario pastwn yn ystod y dydd a chleddyf cytlas gyda'r nos.

1860 – Yn ôl pob sôn, roedd Evans yn swyddog heddlu da. Ymddeolodd yn ystod y flwyddyn hon a dychwelyd i'w hen grefft fel gof tun. Ei olynydd oedd dyn o'r enw R. Harrison a benodwyd yn Uwcharolygydd ac fe'i cynorthwywyd ef gan y Cwnstabl Thomas Thomas. Gwnaed i ffwrdd â'r trowsus gwyn a'r het beipen stôf ar yr adeg hon.

1867 – Ymddeolodd yr Uwcharolygydd Harrison yn ystod y flwyddyn hon ac fe'i olynwyd gan y Cwnstabl Thomas a dyrchafwyd i reng Uwcharolygydd. Penodwyd y Cwnstabliaid Beynon a William Carey i'w gynorthwyo. Mae'n ymddangos bod Beynon wedi bod yn swyddog heddlu yn y gorffennol. Bu'r tri gŵr hyn yn plismona Dinbych-y-pysgod am rai blynyddoedd cyn i bethau newid yn dilyn ton o ddifrod troseddol pan gafodd nifer o goed a oedd yn tyfu ar y clogwyni ger y gwestyau eu torri i lawr liw nos. Ddiflannodd y sawl oedd yn gyfrifol am y weithred heb adael ei ôl. Aeth y Pwyllgor Gwarchod ati i ad-drefnu'r Heddlu. Ymddeolodd Thomas, bu Carey farw a chadwyd Beynon ymlaen am gyfnod byr yn unig.

1877 – Ym mis Hydref, penodwyd plismon o Gaerdydd, William Henry Hodges, yn Uwcharolygydd a dau Gwnstabl – Sullivan a Williams – i'w gynorthwyo. Ar noson Guto Ffowc, bu pobl yn gwrthdystio yn y strydoedd, cynnwyd bareli o dar a'u rholio i lawr y Stryd Fawr a Stryd St. Julian. Yn ogystal â'r anrhefn lleol hyn, symudodd uned filwrol i Ddoc Penfro o Gaerdydd. Roedd yr Uwcharolygydd wedi

for an amalgamation. The Borough's demand was that the existing officers of Pembroke and Pembroke Dock be retained until any amalgamation took place. Numerous meetings took place over the following twelve months, until it was finally agreed that the amalgamation would take place on 10th January 1859.

Tenby 1840-1889

Prior to the Municipal Corporations Act of 1835, Tenby was divided into twelve Wards, with one constable for each Ward. The office of Constable was an annual appointment made by the Justices at Quarter Sessions. It is not altogether clear when the first constables were installed, but as Parish Constables, it seems certain they had been in office for many years. Following the Act of 1835, The Watch Committee appointed all constables, with Special Constables to assist in times of emergency.

1840 – The first police officer employed under the new Act was a former tinsmith called Evan Howells. His office included the roles of Police Officer, Gaoler and Pound Keeper to the Borough of Tenby. His uniform consisted of a dark blue, swallowtail coat, white 'duck' trousers and black stovepipe hat. In winter, the white trousers were replaced with trousers of blue. During the day he carried a truncheon, and at night a cutlass.

1860 – By all accounts, Evans was a good officer. He retired this year and returned to his former trade of tinsmith. His successor was one R. Harrison as Superintendent, and Constable Thomas Thomas as his assistant. The white trousers and stovepipe hat were withdrawn at this time.

1867 – With the retirement of Superintendent Harrison this year, Constable Thomas took over the reins as Superintendent. He was given Constables Beynon and William Carey to assist him. It appears that Beynon had been a former police officer. These three men policed Tenby for some years, before circumstances apparently changed, following a spate of criminal damage when trees on the cliffs near the hotels were cut down during the night. Whoever committed the act had disappeared without trace. The Watch Committee then set about reorganising the force. Thomas was retired, Carey died, and Beynon's services were retained for a further short period.

1877 – In October, a Cardiff policeman, William Henry Hodges, was appointed Superintendent, with two constables – Sullivan and Williams – to assist. On Guy Fawkes Night, street demonstrations took place, with barrels of tar being set alight and rolled down High Street and St. Julian Street. Apart from the local disorder, Superintendent Hodges discovered that a military unit had moved to Pembroke Dock from Cardiff, and soldiers from the unit (with whom he had had previous contact in Cardiff), detached themselves and assaulted him. Special Constables were sworn in to assist the police and arrests were made. Heavy sentences imposed on

cael cyswllt â rhai o'r milwyr tra yng Ngaerdydd ac ymwahanodd rhai ohonynt wrth yr uned ac ymosod arno. Gweinyddwyd y llw i nifer o Gwnstabliaid Gwirfoddol er mwyn cynorthwyo'r heddlu a gwnaed nifer o arestiadau. Rhoddwyd dedfrydau llym i'r rhai a arestiwyd ac adferwyd y drefn o fewn y bwrdeistref. Cymerodd cyn filwr o'r enw Kennedy drosodd oddi wrth y Cwnstabl Williams, ond byr fu ei gyfnod yntau yn y swydd a daeth cyn filwr arall, James Carr, yn ei le. Y recriwt olaf i'w gyflogi oedd Richard James Pulker, brodor o Langatwg.

1886 – Ymddeolodd yr Uwcharolygydd Hodges ym mis Ebrill, ac fe'i olynwyd gan James Carr, a ddaliodd y swydd tan y 1af Ebrill 1889, pan gwnaed Heddlu Bwrdeistref Dinbych-y-pysgod yn rhan o Heddlu Sir Benfro.

Gwobr am wybodaeth!
Llwyddodd Richards i ddianc a mudo i America.

Reward Poster. Richards successfully evaded capture and migrated to America.

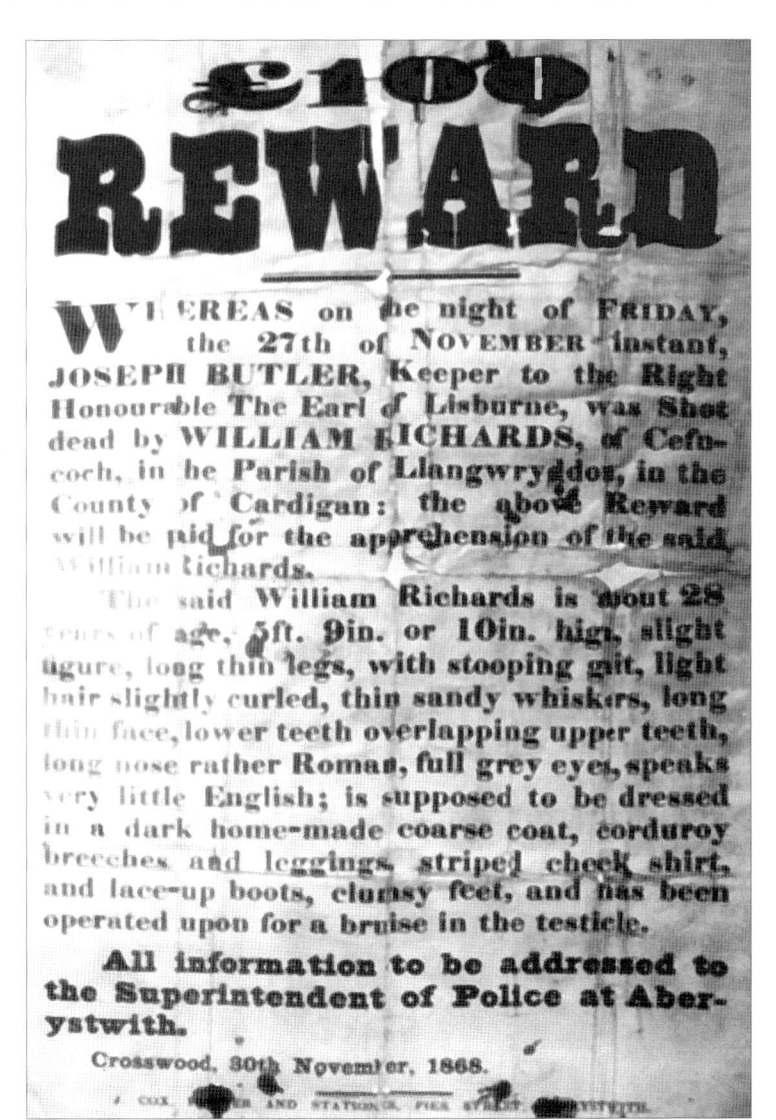

those arrested restored order in the Borough. An ex-soldier called Kennedy succeeded Constable Williams, but his tenure of service was brief, and another ex-soldier, one James Carr, replaced him. The last recruit to be taken on was Richard James Pulker, a native of Llangattock.

1886 – Superintendent Hodges retired in April, and was succeeded by James Carr, who held the office until 1st April 1889, when Tenby Borough Police became part of Pembrokeshire Constabulary.

Poster a noddwyd gan y cyhoedd yn datgan cryfder y teimlad yn erbyn cyflwyno Heddluoedd Bwrdestrefol.

Publicly-sponsored poster announcing depth of feeling against introduction of Borough Police.

Mae'r lluniau hyn yn dangos sut y datblygodd iwnifform yr heddlu dros y blynyddoedd – o'r chwith i'r dde – ffasiwn cyffredinol 1829-*c.*1870, gwisg Heddlu Aberteifi 1872, Sir Drefaldwyn 1905 ac, yn olaf, Bwrdeistref Caerfyrddin 1910.

Left to right, these four images give an insight into the evolution of the police uniform from the general patterns of 1829-*c.*1870, through the Cardiganshire dress of 1872, Montgomeryshire 1905, and finally Carmarthen Borough 1910.

Ar ddiwedd teyrnasiad y Frenhines Fictoria ym 1901, bach iawn oedd y gwahaniaeth yn yr iwnifforms. Cymharer helmedau uchel Heddlu Sir Benfro ym 1908 (top-chwith) â helmedau pigyn-bwlyn Sir Frycheiniog ym 1910 (top-dde); noder hefyd y bedair streipen ar fraich y rhingyll a'r defnydd cynnar o gap â phig. Diddorol nodi bod swyddogion Sir Faesyfed yn dal i wisgo medalau'r Rhyfel Byd Cyntaf ym 1925 (gwaelod-chwith) ar gyfer adolygiad HMIC yn ôl pob tebyg.

By the end of Queen Victoria's reign in 1901, the differences in uniform were subtle. Compare the tall helmets of the 1908 Pembrokeshire Constabulary (top left) with the ball-spikes of Breconshire in 1910 (top right); note also their sergeants' four stripes and early use of the peaked cap. It is interesting to see that in 1925, Radnorshire officers (bottom left) were still wearing their full First World War medals, probably for HMIC inspection.

Chwith: Y Rhingyll L. Hughes, Cwnstabliaeth Sir Gaerfyrddin, 1860. Sylwer ar ei gotwisg. Mae'r medalau, o bosib, yn perthyn i Ryfel y Crimea (1853)

Left: Sgt. L. Hughes, Carmarthenshire Constabulary, 1860. Note the frock coat. The medals are probably from the Crimean War (1853).

Parêd olaf Heddlu Sir Benfro cyn y cyfuniad ym 1968.

Last parade of Pembs Police prior to amalgamation, 1968.

Y Capten R. A. Scott, Prif Gwnstabl cyntaf Sir Gaerfyrddin 1843-1875.

Capt. R. A. Scott, Carmarthenshire's first Chief Constable, 1843-1875.

Cofnod o Ddyddiadur Hysbysiadau Cyffredinol Scott, sy'n cyfeirio at wall a wnaed gan PC Meyrick.

An entry from Scott's General Orders Diary of 1844, regarding an error made by PC Meyrick.

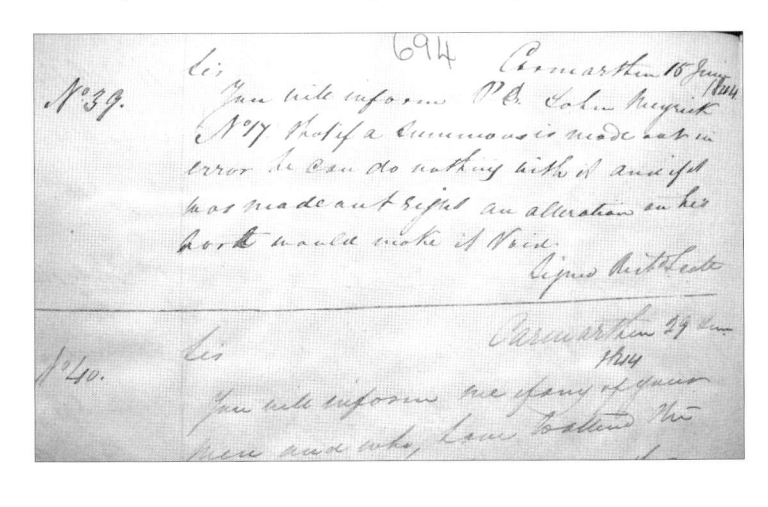

Stiwdio Ffotograffig yr Heddlu yn Rhes Wood, Caerfyrddin, 1942. Mae'r camera 'gwep-lun' o wneuthuriad Gandolfi (c.1921) i'w weld nawr yn Amgueddfa Heddlu Dyfed Powys. Credir bod y gadair (a ddefnyddiwyd rhwng 1938 a 1970) yn unigryw i Sir Gaerfyrddin.

Police Photographic Studio situated in Wood's Row, Carmarthen, 1942. The camera is a Gandolfi 'Mug-shot' camera dating from c.1921 (now in the DPP Museum), and the chair (certainly in use between 1938 and 1970) is believed to be unique to Carmarthenshire.

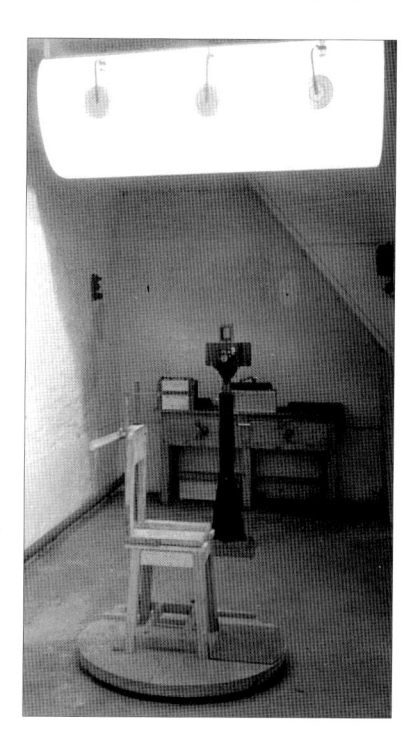

Ronnie 'Cadno' Harries yng Ngorsaf Heddlu Sanclêr, 1953. Fe'i cafwyd yn euog o lofruddio ei fodryb a'i ewythr, John a Phoebe Harries.

Ronnie 'Cadno' Harries at St. Clears Police Station, 1953. He was convicted for the murder of his uncle and aunt, John and Phoebe Harries.

Chwith: Michal Onufrejczyk yn Llys Llandeilo, 1954. Fe'i dyfarnwyd yn euog o ladd ei bartner busnes a bwydo'i gorff i'r moch.

Left: Michal Onufrejczyk at Llandeilo Courthouse, 1954. He was found guilty of killing his business partner and feeding his body to the pigs.

Heddluoedd Fesul Sir

Sir Frycheiniog 1857-1948

1856 – O ganlyniad i Ddeddf Heddlu Sirol a Bwrdeistrefol 1836, hysbysebwyd am Brif Gwnstabl ym mhapur newydd *The Times* ar y 18fed Tachwedd.

1857 – Derbyniwyd un ar bymtheg ar hugain o geisiadau mewn ymateb i'r hysbyseb a chyfwelwyd chwech ymgeisydd yn Llys Chwarter Aberhonddu ar y 6ed Ionawr. O ganlyniad, penodwyd yr Is-gapten Edmund Roderick Gwyn, 28 oed, o Reifflwyr Brenhinol Aberhonddu yn Brif Gwnstabl. Ychydig wedyn, penderfynodd y Llys Chwarter y dylai gweithlu'r heddlu gynnwys dau Uwcharolygydd, chwe Rhingyll ac ugain Cwnstabl a phenderfynwyd hefyd y dylai bob un weithio mis ar brawf. Awdurdodwyd y Prif Gwnstabl i feddiannu'r hen storfa filwrol yn y Watton, Aberhonddu. Roedd iwnifform y dynion yn debyg iawn i'r hyn o ddefnyddiwyd mewn rhannau eraill o'r wlad, sef het uchel, tiwnig cynffon fain a throwsus gwyn ynghyd ag offer. Cyfanswm cost yr iwnifform oedd cant a phum deg punt, dau swllt a dwy geiniog (£150.11), ac fe'i talwyd i Messrs Herbert o Pall Mall, Llundain.

1888 – Cyfunwyd yr Heddlu Bwrdeistrefol a Chwnstabliaeth Sir Frycheiniog. Trowyd yr orsaf heddlu a'r carchar yn gartref i Ringyll Cwnstabliaeth Sir Frycheiniog ac yn Ddalfa Sirol.

1889 – O dan Ddeddf Llywodraeth Leol 1889, trosglwyddwyd y cyfrifoldeb am reoli'r heddlu o Ynadon y Llysoedd Chwarter i ofal Cyd-bwyllgor Sefydlog a benodid yn flynyddol – ac, ar 30ain Mawrth, cyflwynodd y Prif Gwnstabl ei adroddiad gofal i'r Llys Chwarter. Y gwariant amcangyfrifol am y flwyddyn oedd £3,678. Penderfynwyd bod yr adeiladau cyfredol yn anaddas ar gyfer yr heddlu newydd, a chafodd cynllun i godi adeilad mwy addas ei ystyried ar yr 16eg Gorffennaf.

1895 – Adeiladwyd Pencadlys newydd i'r Heddlu y drws nesaf i Neuadd y Sir a hynny am gost o £2,015. Parhaodd yr

Police Forces By County

Breconshire 1857-1948

1856 – As a result of the County and Borough Police Act of 1836, *The Times* newspaper carried an advertisement on 18th November for a Chief Constable.

1857 – Of the thirty-six applications received in response to the advertisement, six were interviewed at Brecon Court of Quarter Sessions on 6th January. 28-year-old Lieutenant Edmund Roderick Gwyn of the Royal Brecon Rifles was appointed Chief Constable. Sometime afterwards, the Justices of the Quarter Sessions agreed that the strength of the force should be two Superintendents, six sergeants and twenty constables – each of whom was to serve one month's probation.

The Chief Constable was authorised to occupy the recently vacated military stores depot at The Watton, Brecon. The men's uniform was more or less consistent with those used elsewhere in the country, viz. tall hat, tailed tunic and white trousers, with accoutrements, amounting to a total cost of One hundred and fifty pounds two shillings and two pence (£150.12), which was paid to Messrs Herbert of Pall Mall, London.

1888 – The Borough Police was merged with Breconshire Constabulary, with the station and gaol becoming residence for the Breconshire Constabulary Sergeant and County Lock-up.

1889 – The Local Government Act of 1889 transferred control of the police from the Justices in Quarter Sessions to an annually appointed Standing Joint Committee – with the Chief Constable presenting his final report to the Quarter Sessions on 30th March. The sum of £3,678 was the estimated expenditure for the year. Finding that the current buildings were inadequate for the new force, consideration was given on 16th July for the construction of more suitable premises.

1895 – A new Police Headquarters was built adjoining the

adeilad hwn i fod yn Bencadlys tan 1948 pan gafwyd cyfuno pellach.

1905 – Ymddeolodd Gwyn ar ôl treulio wyth mlynedd a deugain yn Brif Gwnstabl a chymerwyd ei le gan y Capten W. Morgan Thomas, Dirprwy Brif Gwnstabl Abertawe.

1907 – Bu farw Thomas yn 42 oed yn dilyn salwch byr a phenodwyd y Capten Arthur Stuart Williams, mab i Farnwr Llys Sirol, yn Brif Gwnstabl yn ei le.

1911 – Ymddiswyddodd Williams yn ystod y flwyddyn hon i gymeryd swydd Prif Gwnstabl yn Heddlu Gorllewin Wessex. Fe'i olynwyd gan yr Is-gyrnol C. G. Cole-Hamilton, CMG, DSO, o'r Reifflwyr Brenhinol Gwyddelig (cafwyd bwlch yn ei wasanaeth tra bu'n ymladd yn y Rhyfel Byd Cyntaf).

1914-1919 – Dewisodd dau ar hugain o aelodau'r Heddlu fynd i ymladd yn y rhyfel ac, o'r rheiny, gwnaeth pump ohonynt yr aberth eithaf: Y Cwnstabliaid W. Davies, G. G. Griffiths, E. Hatcher, T. Pitman a C. Martin. Ar y 5ed Tachwedd 1919, yn Eglwys y Prior, Aberhonddu, dadorchuddiwyd coflech i'r aelodau hynny a gollodd eu bywydau yn ystod y rhyfel.

1919-1921 – Cafodd Ffederasiwn yr Heddlu ei sefydlu ac, o ganlyniad, cafodd cyflog ac amodau gwasanaeth bob heddlu eu gwella a'u safonu. Yn ogystal, sefydlwyd Côd Disgyblu newydd.

1939-1945 – Yn ystod yr Ail Ryfel Byd, dodwyd pwysau ychwanegol ar yr heddlu oherwydd bod nifer o swyddogion ifainc wedi ymuno â'r lluoedd arfog. Yn ystod y cyfnod hwn, cynorthwywyd yr heddlu gan Swyddogion Heddlu Wrth-Gefn-Adeg-Rhyfel a Chwnstabliaid Gwirfoddol. Yn ogystal, sefydlwyd Corfflu Heddlu Cynorthwyol y Merched. Cyfnewidiodd chwe chwnstabl o Gwnstabliaeth Sir Frycheiniog le â chwe swyddog o Heddlu Bwrdeistref Abertawe am fis rhwng yr 8fed Mehefin a'r 6ed Gorffennaf. Pwrpas y cynllun gwirfoddol hwn oedd ceisio ysgafnhau rhywfaint ar y pwysau ar y cwnstabliaid o Abertawe a oedd wedi gorfod delio â'r llanast a achoswyd gan y bomio trwm a dioddefodd rhannau o'r dref honno adeg y rhyfel.

1947 – Pan ymddeolodd Cole-Hamilton ym mis Mehefin, ceisiodd y Swyddfa Gartref i gyfuno Heddlu Sir Frycheiniog â Heddluoedd Sir Faesyfed a Sir Drefalwyn. Fodd bynnag, gwrthwynebwyd yr ymgais hon gan Gyd-bwyllgor Sefydlog Sir Frycheiniog, a bwriasant ymlaen â'u bwriad i benodi Prif Gwnstabl newydd, sef yr Uwchgapten W. Ronnie.

1948 – Gohiriwyd y cyfuniad gan benodiad y Prif Gwnstabl newydd ond, yn y diwedd, gorfodwyd y tri heddlu i gyfuno ac, ar y 1af Ebrill, esgorwyd ar Gwnstabliaeth Canolbarth Cymru.

Shire Hall at a cost of £2,015, and remained until further amalgamation in 1948.

1905 – After forty-eight years as Chief Constable, Gwyn retired and was succeeded by Captain W. Morgan Thomas, Deputy Chief Constable of Swansea.

1907 – At the age of 42, and following a brief illness, Thomas died, and in his place Captain Arthur Stuart Williams – the son of a County Court Judge – was appointed Chief Constable.

1911 – Williams resigned this year to take up an appointment as Chief Constable of West Sussex. Lieutenant Colonel C. G. Cole-Hamilton, CMG, DSO, of the Royal Irish Rifles (interrupted by active military service during the First World War) became his successor.

1914-1919 – Of twenty-two members of the Force who opted for military service during the war, five made the supreme sacrifice: Constables W. Davies, G. G. Griffiths, E. Hatcher, T. Pitman and C. Martin. On 5th November 1919, a memorial in memory of those force members who had given their lives during the war was unveiled in the Priory Church, Brecon.

1919-1921 – The Police Federation was set up, and the pay and conditions of service of all police forces was improved and standardised. A new Disciplinary Code was also instituted.

1939-1945 – During this period of the Second World War, extra burden was placed on the force with the loss of many younger officers to military service. War Reserve Police Officers and Special Constables were used in their place. The Women's Auxiliary Police Corps was also formed. Between 8th June and 6th July 1941, a voluntary, one-month exchange of six constables was made between Breconshire Constabulary and Swansea Borough Police, designed to provide some relief for police in the heavily bombed areas of Swansea.

1947 – Upon the retirement of Cole-Hamilton in June, the Home Office attempted to amalgamate Breconshire Constabulary with those of Radnorshire and Montgomeryshire. However, the Joint Standing Committee of Breconshire pursued their intention and appointed Major W. Ronnie as their new Chief Constable.

1948 – Despite the delay caused by the new Chief's appointment, compulsory amalgamation of the three forces ensued, and on 1st April, Mid Wales Constabulary was born.

Sir Aberteifi 1844-1958

Yn sgil teyrnasiad braw Terfysgwyr Rebecca yn Siroedd Caerfyrddin ac Aberteifi yn 1843 (dinistriwyd tri ar ddeg allan o'r ddau ar hugain o dollbyrth yn yr olaf o'r siroedd hyn yn unig), apeliodd yr Ynadon i'r Llywodraeth am gymorth. Mewn ymateb i'r cais hwn, cyrhaeddodd uned o filwyr yn ogystal â swyddogion o Heddlu Llundain i ddelio â'r terfysgwyr. Fodd bynnag, aflwyddiannus fu eu cydymdrechion.

1844 – Ar yr 2il Ionawr, yn y Llys Chwarter a gynhaliwyd yn Neuadd Sirol Aberteifi, penderfynwyd arfer Deddf Heddlu Sirol 1839 a datganwyd, '... *that one Chief Constable, one Superintendent and sixteen Constables were needed to be appointed for the purpose of the said Act*'. Ac felly y daeth Cwnstabliaeth Sir Aberteifi i fodolaeth a sefydlwyd ei bencadlys yn Aberteifi. Penodwyd cyn swyddog o'r fyddin, sef y Capten William Charles Freeman, yn Brif Gwnstabl. Roedd iwnifform y dynion yn cynnwys ffrog-côt glas tywyll, het silc uchel â brig lledr a throwsus gwyn.

1857 – Yn Llys Chwarter Aberaeron ar y 30ain Mehefin, cytunodd Sir Aberteifi a Bwrdeistref Aberystwyth i uno Heddluoedd y Bwrdeistref a'r Sir o dan faner Cwnstabliaeth Sir Aberteifi.

1870 – Oherwydd amharodrwydd y Prif Gwnstabl i dderbyn newidiadau, bu'n rhaid i'r swyddogion heddlu barhau i wisgo'u hen iwnifform tan y flwyddyn hon, er ei bod bellach yn hen ffasiwn.

1876 – Ym mis Ionawr, penodwyd yr Uwchgapten Charles Bassett Lewis, swyddog y fyddin wedi ymddeol a chyn ddirprwy gyda Milisia Sir Aberteifi, yn Brif Gwnstabl. Ei dasg cyntaf oedd symud Pencadlys yr Heddlu i'r hen garchar yn *Lower Great Darkgate Street*, Aberystwyth.

1882 – Tynnwyd yr hen garchar/Pencadlys yr Heddlu i lawr ac adeiladwyd gorsaf heddlu newydd ar y safle (credir mai Banc yr Halifax sydd yn y safle hwn heddiw).

1888-89 – Arweiniodd y Degwm (treth o un ran o ddeg o incwm neu gynyrch y plwyfolion, a dalwyd i'r Eglwys) a'r caledi a ddaeth yn ei sgil, at Ryfel y Degwm – a galwyd ar yr heddlu'n fynych i gynorthwyo swyddogion y degwm i gasglu'r dreth dan orfod neu i werthu eiddo er mwyn casglu'r degwm.

Cardiganshire 1844-1958

The widespread reign of terror conducted by the Rebeccaites throughout Carmarthenshire and Cardiganshire in 1843 (they had destroyed thirteen of the twenty-two tollgates in the latter county alone), prompted the Justices to appeal for help from the government. By way of response, a detachment of troops and officers from the Metropolitan Police arrived to deal with the rioters. Their combined efforts proved insufficient.

1844 – On 2nd January, at a meeting of the Quarter Sessions in Cardigan Shire Hall, the decision was taken to implement the County Police Act of 1839, and the Court '*. . . declared that one Chief Constable, one Superintendent and sixteen Constables were needed to be appointed for the purpose of the said Act'*. Thus, Cardiganshire Constabulary came into being, with its headquarters in Cardigan. The Chief Constable appointed was a former army officer, Captain William Charles Freeman. The men's uniform consisted of dark blue frock coat, tall silk hat with leather top and white trousers.

1857 – At Aberaeron Quarter Sessions on 30th June, an agreement was made between the County of Cardiganshire and the Borough of Aberystwyth to merge the Borough and County forces into one Cardiganshire Constabulary.

1870 – The unwillingness of the Chief Constable to meet change meant that the force continued to wear the now-outdated uniform until this year.

1876 – In January, Major Charles Bassett Lewis, a retired army officer and former adjutant of the Cardiganshire Militia, was appointed Chief Constable. He first task was to move Force Headquarters to the old gaol in Lower Great Darkgate Street, Aberystwyth.

1882 – The old gaol/Police Headquarters was demolished, and a new police station was built on the site (believed to be the present site of the Halifax Building Society).

1888-89 – Tithes (nominally a one-tenth tax payable to the Parish) and the hardship they brought created the 'Tithe Wars' of this period – not least for the police who were frequently used to attend scenes of forced levies and sales for tithe payments.

1890 – Ym mis Gorffennaf o'r flwyddyn hon, cymerodd y Rhingyll David Evans drosodd oddi wrth Lewis fel y Prif Gwnstabl newydd. Gwrthododd y Swyddfa Gartref i gymeradwyo'r penodiad, ond cyn y gallwyd setlo'r mater, bu Evans farw, ac fe'i olynwyd gan yr Arolygydd Howell Evans o Gwnstabliaeth Sir Gaerfyrddin. Er gwaethaf gorfod wynebu'r problemau parhaol oedd yn gysylltiedig â Rhyfel y Degwm, llwyddodd i foderneiddio'r heddlu trwy gyflwyno nifer o ddatblygiadau arloesol.

1903 – Yn dilyn marwolaeth Evans ym mis Awst o'r flwyddyn hon, ceisiodd Pwyllgor yr Heddlu benodi'r Rhingyll Richard Jones yn Brif Gwnstabl ond, unwaith eto, gwrthododd y Swyddfa Gartref ganiatáu'r penodiad.

1904 – Penodwyd gŵr o Sir Fflint, yr Arolygydd Edward Williams o Heddlu Lerpwl yn Brif Gwnstabl ym mis Chwefror.

1921 – Gwnaed Dirprwy Brif Gwnstabl Sir Frycheiniog, Steven Jones, yn Brif Gwnstabl.

1937 – Ym mis Gorffennaf o'r flwyddyn hon, trefnodd y Prif Gwnstabl Jones ymweliad Brenhinol gan EFB Tywysog Cymru i Lyfrgell Genedlaethol Cymru. Trefnodd Jones hefyd bod 300 o swyddogion o heddluoedd eraill ar draws Cymru a 250 o Gwnstabliaid Rhan-amser yn dod i mewn i gynorthwyo ar yr achlysur hwn.

1939 – Penodwyd yr Uwcharolygydd John Jorden Lloyd-Williams, MC, fel y Prif Gwnstabl newydd.

1943 – O ganlyniad i gyhuddiadau yn ei erbyn, ymddiswyddodd Lloyd-Williams ym mis Gorffennaf.

1944 – Y Prif Gwnstabl olaf i'w benodi oedd yr Uwcharolygydd William John Jones o Gwnstabliaeth Sir Gaerfyrddin.

1956 – Ar y 14eg o fis Mai, cafodd Gwesty'r Frenhines yn Aberystwyth ei throi'n Bencadlys newydd i'r Heddlu.

1957 – Yn sgil cyhuddiadau a wnaed mewn perthynas â gweinyddiaeth, effeithlonrwydd a morâl yr heddlu a'i Brif Gwnstabl, cynhaliwyd tribiwnlys ym mis Ionawr. Profwyd rhai o'r cyhuddiadau a gofynnwyd i Jones ymddiswyddo. Fodd bynnag, apeliodd Jones at yr Ysgrifennydd Cartref a chaniataodd yntau iddo aros yn ei swydd tan fis Tachwedd, pan ymddeolodd ar bensiwn. Ym mis Mawrth, penodod yr Ysgrifennydd Cartref wŷr o'r enw Mr H. J. Phillimore, QC, i ymchwilio i *The Administration and Efficiency of the Cardiganshire Constabulary and the State of Discipline of the Force*. Yn yr adroddiad a gyhoeddwyd yn sgil yr ymchwiliad, argymhellwyd bod yr heddlu yn uno â Chwnstabliaeth Sir Gaerfyrddin. Roedd y ddau heddlu yn wrthwynebus i'r uniad, a chynhaliwyd ymchwiliad pellach ym mis Rhagfyr, y tro hwn gan Mr I. H. Nelson, QC. Fodd bynnag, yr un oedd y casgliad, sef y dylid cyfuno'r ddau heddlu.

1890 – In July of this year, Sergeant David Evans succeeded Lewis as the new Chief Constable. The Home Office refused to sanction the appointment, but before the matter could be resolved, Evans died, and was replaced by Inspector Howell Evans of the Carmarthenshire Constabulary. Despite having to face the continuing problems regarding the 'Tithe Wars', he managed to bring the force up to date with 'modern' developments.

1903 – Following Evans' death in August of this year, the Police Committee tried to appoint one Sergeant Richard Jones as Chief Constable, but once again the Home Office turned it down.

1904 – A Flintshire man, Inspector Edward Williams of Liverpool Police was appointed Chief Constable in February this year.

1921 – The Deputy Chief Constable of Breconshire, Steven Jones, was installed as the new Chief Constable.

1937 – In July of this year, the Royal visit of HRH The Prince of Wales to the National Library of Wales was organised by Chief Constable Jones, who arranged for the attendance (from other forces in Wales) of 300 police officers and 250 Special Constables.

1939 – Superintendent John Jorden Lloyd-Williams MC was installed as the new Chief Constable.

1943 – As a result of certain allegations made against him, Lloyd-Williams resigned in July of this year.

1944 – The last Chief Constable of the force to be appointed was Superintendent William John Jones of Carmarthenshire Constabulary.

1956 – On 14th May, the old Queen's Hotel in Aberystwyth became the new Force Headquarters.

1957 – Due to allegations made regarding the administration, efficiency and morale of the force and its Chief Constable, a tribunal was held in January. Some of the charges were found proved, and Jones was invited to resign. However, an appeal by Jones to the Home Secretary was upheld, and he was allowed to remain in office until November when he retired on pension. In March, the Home Secretary appointed Mr H. J. Phillimore QC to conduct an enquiry into *'The Administration and Efficiency of the Cardiganshire Constabulary and the State of Discipline of the Force'*. The subsequent report recommended that the Force be merged with Carmarthenshire Constabulary. Both Police Authorities opposed the merger, and a further enquiry held in December – this time by Mr I. H. Nelson QC – concluded that both forces should be amalgamated.

1958 – Ar y 1af Gorffennaf, unwyd y ddau heddlu gan esgor ar Gwnstabliaeth Sir Gaerfyrddin a Sir Aberteifi (a oedd yn fwy adnabyddus fel y 'Carms & Cards'). Nid oedd yr uniad wrth fodd pawb, yn wir, bu cryn ddrwgdeimlad ymhlith y rhengoedd trwy gydol oes yr heddlu newydd hwn.

Sir Gaerfyrddin 1843-1958

Yn y cyfnod cyn pasio Deddf Heddlu Sirol 1839, a ganiataodd sefydlu'r Heddluoedd Sirol, y Cwnstabliaid Plwyfol oedd yn gyfrifol am gadw'r heddwch ac atal troseddu dros y rhan fwyaf o'r wlad, a hynny o dan reolaeth Ynadon y Llysoedd Chwarter. 'Gwylfa a Gward' oedd yr enw a roddwyd ar y drefn hon. Ar y cyfan, ni roddwyd unrhyw hyfforddiant i'r cwnstabliaid hyn a'u prif swyddogaeth oedd casglu'r Dreth Sirol ar ran yr Ynadon.

1843 – Er bod Sir Gaerfyrddin yn ddarostyngedig i'r Ddeddf newydd, yn yr un modd â Sir Aberteifi, dewisasant beidio â sefydlu heddlu hyd nes y'u gorfodwyd i wneud hynny oherwydd Terfysgoedd Rebecca. Ar y 25ain Gorffennaf, er gwaethaf gwrthwynebiad cryf o sawl cyfeiriad, cafodd y penderfyniad canlynol ei basio'n unfrydol gan yr Ynadon: '. . . *The Court doth declare, order and resolve (subject to the approval of one of Her Majesty's Principal Secretaries of State) to appoint one Chief Constable, six Superintendents and fifty Constables*'. A gyda hynny, esgorwyd ar Gwnstabliaeth Sir Gaerfyrddin a phenodwyd ei Brif Gwnstabl cyntaf, y Capten Richard Andrew Scott, ar y 10fed Awst. Sefydlodd yntau Bencadlys yr Heddlu yng Nghaerfyrddin a rhannodd y sir yn chwech Rhanbarth Heddluol. Erbyn diwedd y flwyddyn, roedd cyflogres yr heddlu yn cynnwys y Prif Gwnstabl, 6 Uwcharolygydd, 7 Rhingyll, un Cwnstabl Dosbarth 1af a deugain Cwnstabl 2il Dosbarth – dau yn unig yn brin o'r nifer cytunedig.

Gwyddom fod yr hanner cant o swyddogion a ddaeth i'r ardal ddau fis ynghynt o Heddlu Llundain (adeg Terfysg Rebecca) yn dal i fod yno, oherwydd mae Gorchymyn a gyhoeddwyd ar y 6ed Tachwedd yn dangos taw Arolygydd o'r heddlu hwnnw oedd â gofal am Bontyberem. Mae'n ymddangos eu bod wedi aros yn y Sir tan fis Ebrill o'r flwyddyn ganlynol. O fewn ychydig wythnosau ar ôl iddynt gyrraedd eu gorsafoedd, gwelwyd newidiadau – cafodd rhai o ddynion yr heddlu newydd eu symud ac, mewn sawl achos, ni ddaeth unrhyw un i gymeryd eu lle.

1958 – On 1st July, the two forces were merged to become the Carmarthenshire and Cardiganshire Constabulary (better known as the 'Carms and Cards Constabulary'). The amalgamation was not universally popular, and indeed, there was much resentment within the ranks throughout its history.

Carmarthenshire 1843-1958

Up until the County Police Act of 1839, which authorised the creation of County Police Forces, responsibility for peace-keeping and crime prevention throughout most of the country, was generally that of the Parish Constables under the control of Justices of the Quarter Sessions, i.e. the Watch and Ward system. Essentially, the constables were untrained, and their use was primarily as executive officers of the Justices for the collection of the County Rate.

1843 – Although Carmarthenshire was subject to the new Act, like Cardiganshire they chose not to raise a police force until their hand was forced as a result of the Rebecca Riots. On 25th July, despite strong opposition from various quarters, the Justices unanimously passed the following resolution: '. . . *The Court doth declare, order and resolve (subject to the approval of one of Her Majesty's Principal Secretaries of State) to appoint one Chief Constable, six Superintendents and fifty Constables*'. With that, the Carmarthenshire Constabulary was born, its first Chief Constable, Captain Richard Andrew Scott, being appointed on 10th August. He established Force Headquarters in Carmarthen, and divided the County into six Force Divisions. By the end of the year, the Force payroll included The Chief Constable, 6 Superintendents, 7 Sergeants, one 1st Class and forty 2nd Class Constables – just two short of the allocated establishment. The fifty members of the Metropolitan Police who had been sent to Carmarthen two months earlier (during the Rebecca Riots), were still in the Carmarthen area, as an Order dated 6th November shows that an Inspector of that force was in charge at Pontyberem. It appears that they remained in the County until April the following year. Within a matter of weeks of arriving at their stations, changes were made as men of the new force were transferred and, in a number of instances, not replaced.

1845 – Ym mis Ionawr o'r flwyddyn hon, penderfynodd yr Ynadon adolygu cyfansoddiad y gweithlu fel a ganlyn – Prif Gwnstabl, 3 Uwcharolygydd, 5 Rhingyll, naw Cwnstabl Dosbarth 1af a deg ar hugain Cwnstabl 2il Dosbarth. Yn ogystal, cafodd swyddogion tri allan o'r chwe rhanbarth eu hailhyfforddi.

1850 – Ym mis Ionawr, gorchymnnwyd gostyngiad pellach yn y gweithlu, gan ddod â nifer yr Uwcharolygwyr lawr i ddau, y Cwnstabliaid Dosbarth 1af lawr i bump a'r Cwnstabliaid 2il Ddosbarth lawr i ddau ar hugain.

1858 Roedd nifer o newidiadau Rhanbarthol wedi digwydd dros y pymtheng mlynedd ers sefydlu'r heddlu a'r prif orsafoedd bellach oedd Caerfyrddin, Llandeilo a Chastellnewydd Emlyn.

1866 – Ni wyddom lawer am yr iwnifform a wisgwyd adeg sefydlu'r heddlu ond mae'n eithaf posib ei bod yn debyg i wisg y rhelyw o heddluoedd y cyfnod. Yn ystod y flwyddyn hon, fe'i newidiwyd a chyflwynwyd y diwnig â'r botymau arian, sydd (bellach) yn fwy cyfarwydd. Dywed Gorchymyn a gyhoeddwyd mewn perthynas â'r iwnifform y dylai bob dyn dderbyn:

Yn flynyddol – un gôt a bathodyn, dau bâr o drowsus, un pâr o esgidiau, un het, helmed neu gap ac un ffon; bob dwy flynedd – un gôt fawr a bathodyn; a hefyd, fel y bo angen ond, heb fod yn amlach nag unwaith bob tair blynedd – un clogyn ac un pâr o legins.

1874 – Yn ystod y flwyddyn hon gorchmynnodd yr Ynadon fod bob rheng yn is nag Uwcharolygydd yn cael helmedau. Yn achos Cwnstabliaeth Sir Gaerfyrddin felly, gellir dweud bod yr het uchel wedi mynd yn rhan o hanes yn ystod y flwyddyn hon.

1875 – Roedd yn Gapten yn y Fyddin pan y'i gwnaed yn Brif Gwnstabl, (fe'i dyrchafwyd yn Is-gyrnol ym 1859 oherwydd ei gyswllt â'r Mudiad Gwirfoddol), ac arhosodd Scott yn y swydd tan ei farwolaeth ym mis Mawrth o'r flwyddyn hon ac yntau yn 75 oed. Fe'i olynwyd ym mis Ebrill gan yr Uwcharolygydd William Phillips, a oedd yn gyfrifol am Ranbarth Llandeilo. Ar yr un adeg ag y penodwyd y Prif Gwnstabl newydd, gorchmynnodd Ynadon y Llys Chwarter fod Pencadlys yr Heddlu yn cael ei symud o Gaerfyrddin i Landeilo, a gwnaed hyn ar y 26ain Gorffennaf.

1888 – Yn unol â'r Ddeddf Llywodraeth Leol newydd a basiwyd yn y flwyddyn hon, trosglwyddwyd rheolaeth am Gwnstabliaeth Sir Gaerfyrddin o'r Llys Chwarter i Gydbwyllgor Sefydlog a oedd yn cynnwys nifer gyfartal o Ynadon (a benodwyd gan y Llys Chwarter) ac aelodau o'r Cyngor Sir.

1908 – Bu farw'r Prif Gwnstabl William Phillips ar y 19eg Mai yn 75 oed ac yntau wedi gwasanaethu'r heddlu am hanner cant a dwy o flynyddoedd. Ar yr 17eg Mehefin, dewisodd y Cydbwyllgor Sefydlog ei fab, William Picton Phillips, i'w olynu yn y swydd.

1845 – In January of this year, the Justices decided to revise the establishment to the Chief Constable, 3 Superintendents, 5 sergeants, nine 1st Class and thirty 2nd Class Constables. Further, three of the six divisions were re-trained.

1850 – In January, a further reduction was ordered, bringing the number of Superintendents down to two, 1st Class Constables down to five, and 2nd Class Constables down to twenty-two.

1858 – Various Divisional changes had occurred over the fifteen-year life of the force, but the principal stations were now Carmarthen, Llandeilo and Newcastle Emlyn.

1866 – Little is known of the uniform issued when the force was established, but it is likely that it was little different in style from most other forces. In this year, it changed to the (now) more familiar tunic with silver buttons. An Order for future issue stated that each man should receive: Annually – one coat and badge, two pairs of trousers, one pair of boots, one pair of shoes, one hat, helmet or cap and one stick: Biennially – one great coat and badge; in addition, when required, but not more frequently than once in three years – one cape and one pair of leggings.

1874 – In this year the Justices ordered that all ranks below that of Superintendent be issued with helmets. As far as Carmarthenshire at least, could claim, tall top hats had now passed into history.

1875 – Having been an Army Captain when he became Chief Constable, (promoted to Lt. Col. in 1859 due to his interest in the Volunteer Movement), Scott remained as Chief until his death in March this year, at the age of 75. William Phillips, Superintendent in charge of Llandeilo Division, succeeded him in April. At the same time as they appointed the new Chief Constable, the Justices of the Quarter Sessions ordered the transfer of Police Headquarters from Carmarthen to Llandeilo, and this took place on 26th July.

1888 – Under a new Local Government Act of this year, control of the Carmarthenshire Constabulary was transferred from the Quarter Sessions to a Standing Joint Committee comprising an equal number of Justices (appointed by the Quarter Sessions) and members of the County Council.

1908 – Chief Constable William Phillips died on 19th May, aged 75 years, and having served in the force for fifty-two years. On 17th June, the Joint Standing Committee appointed his son, William Picton Phillips, as his successor.

1914 – Ar ddechrau'r Rhyfel Byd Cyntaf, roedd gweithlu'r heddlu yn 128 gan gynnwys y 'swyddogion a'r werin'. Ymunodd 54 ohonynt â Lluoedd Arfog Ei Fawrhydi a chollodd y Cwnstabliaid Thomas Lewis Bennett, Rees Connick, Edgar Emlyn Evans a John William Farrell eu bywydau ar faes y gad.

1939 – Ar ddechrau'r Ail Ryfel Byd, roedd gweithlu'r heddlu yn 148 gan gynnwys y swyddogion a'r werin a rhyddhawyd 28 ohonynt i ymuno â'r Lluoedd Arfog. Yn ystod y cyfnod hwn cynorthwywyd y gwasanaeth gan Swyddogion Heddlu wrth-gefn, Swyddogion Heddlu Wrth-Gefn-Adeg-Rhyfel, Corfflu Heddlu Cynorthwyol y Merched a Chwnstabliaid Gwirfoddol.

1940 – Ar y 1af Gorffennaf, ymddeolodd y Prif Gwnstabl ar ôl treulio 57 o flynyddoedd yng Nghwnstabliaeth Sir Gaerfyrddin. Fe'i olynwyd ar y 1af Hydref gan Thomas Hubert Lewis. Adeg ei benodiad, roedd yn Swyddog Staff Rhanbarthol yr Heddlu ym Mhencadlys y Corfflu Amddiffyn Gwladol (Cymru). Cyn hynny, bu'n aelod o Heddlu Dinas Caerdydd ac, ym mis Gorffennaf 1939, cafodd ei alw i'r Bar yn Gray's Inn. Ar y 14eg Hydref, symudodd Pencadlys yr Heddlu yn ôl unwaith eto i Gaerfyrddin.

1947 – Ar y 1af Ebrill, yn unol â darpariaethau Deddf yr Heddlu 1946, cyfunwyd Heddlu Bwrdeistref Caerfyrddin a Chwnstabliaeth Sir Gaerfyrddin.

1957 – Agorwyd Pencadlys newydd yr Heddlu ym Mharc y Brodyr yn swyddogol ar yr 2il Gorffennaf gan Is-Iarll Dinbych-y-pysgod P.C., T.D.

1958 – Ar y 1af Gorffennaf, unwyd Heddluoedd Sir Gaerfyrddin a Sir Aberteifi gan esgor ar Gwnstabliaeth newydd Sir Gaerfyrddin a Sir Aberteifi – neu fel y mae'n fwy adnabyddus, y 'Carms & Cards'.

'Carms & Cards' 1958-1968

1958 – Ar y 1af Gorffennaf, unwyd heddluoedd Sir Gaerfyrddin a Sir Aberteifi o dan faner Cwnstabliaeth Sir Gaerfyrddin a Sir Aberteifi, neu fel y'i galwyd yn gyffredin, y 'Carms & Cards'. Penodwyd cyn bennaeth Cwnstabliaeth Sir Gaerfyrddin, Mr T. Herbert Lewis, yn Brif Gwnstabl, a sefydlwyd Pencadlys yr Heddlu newydd ym Mharc y Brodyr,

1914 – At the outbreak of the First World War, the Force strength was 128 officers and men, of which 54 joined HM Forces. Of these, Constables Thomas Lewis Bennett, Rees Connick, Edgar Emlyn Evans and John William Farrell made the supreme sacrifice.

1939 – At the outbreak of the Second World War, the Force strength was 148 officers and men, of which 28 were released to join the Armed Services. The Force was at this time augmented by the First Police Reserve, Police War Reserve, Women Auxiliaries and Volunteer Special Constabulary.

1940 – On 1st July, the Chief Constable retired, having served with Carmarthenshire Constabulary for 57 years. He was succeeded by Thomas Hubert Lewis on 1st October. At the time of his appointment, he was Regional Police Staff Officer of Civil Defence Headquarters (Wales). Prior to this he had been a member of Cardiff City Police, and in June 1939 was called to the Bar at Gray's Inn. On 14th October, Force Headquarters was again returned to Carmarthen.

1947 – On 1st April, under the provisions of the Police Act of 1946, Carmarthen Borough Police was merged with Carmarthenshire Constabulary.

1957 – The official opening of the new Force Headquarters at Friar's Park took place on 2nd July. Viscount Tenby P.C., T.D. officiated.

1958 – On 1st July, the forces of Carmarthenshire and Cardiganshire were amalgamated to become the Carmarthenshire and Cardiganshire Constabulary – more commonly known as 'Carms and Cards Police'.

Carms and Cards 1958-1968

1958 – On 1st July, the forces of Carmarthenshire and Cardiganshire were amalgamated to become the Carmarthenshire and Cardiganshire Constabulary – more commonly known as 'Carms and Cards Police'. The former chief of Carmarthenshire Constabulary, Mr T. Herbert Lewis, was appointed Chief Constable, with Force Headquarters estab-

Caerfyrddin. Crëwyd pedwar Rhanbarth newydd – sef Caerfyrddin, Llanelli a Rhydaman yn Sir Gaerfyrddin ac Aberystwyth yn Sir Aberteifi. Rhoddwyd Uwcharolygydd wrth y llyw ymhob un ac fe'u rhannwyd yn Is-ranbarthau dan ofal Arolygyddion. Rhannwyd yr Is-ranbarthau hefyd yn unedau llai a alwyd yn *'Section Stations'*.

1960 – Ymddeolodd T. Herbert Lewis, OBE, a chafodd John Ronald Jones, Uwcharolygydd yn Heddlu Canolbarth Cymru, ei benodi'n Brif Gwnstabl ar y 1af Gorffennaf.

1961 – Er bod gweithlu'r Heddlu yn cyfrif 312 erbyn mis Ebrill o'r flwyddyn hon, roedd angen dau ringyll a deugain o gwnstabliaid ychwanegol i sicrhau effeithlonrwydd llwyr yr heddlu. Derbyniwyd sêl bendith yr Ysgrifennydd Cartref ac, o fewn blwyddyn, roedd dau ringyll a deg cwnstabl ychwanegol wedi'u penodi, a phenodwyd y gweddill o fewn y blynyddoedd nesaf.

1966 – Yn ystod ail hanner y flwyddyn hon, dechreuwyd defnyddio Faniau Morris 1000 gwyn yn yr ardaloedd gwledig, gan ehangu cylch y gwasanaeth a sicrhau gwasanaeth mwy effeithiol yng nghefn gwlad.

1967 – Ym mis Mawrth, cychwynnwyd arbrawf plismona a sefydlwyd Uned Blismona Lleol yn rhan o dref Llanelli. Hefyd yn y flwyddyn hon, sefydlwyd Adran y Cŵn. Roedd yr adran ar yr adeg honno yn cynnwys dau fleiddgi a dau driniwr a leolwyd yn y Pencadlys.

1968 – Bu'r Uned Blismona Lleol arbrofol yn llwyddiant, ac fe'i estynnwyd i weddill tref Llanelli yn ogystal â Chaerfyrddin ac Aberystwyth. Dyma'r flwyddyn y gwelwyd cyflwyno wyth car Ford Anglia glas golau a gwyn i ardal yr heddlu – y ceir 'Panda', a enillodd eu ffugenw enwog oherwydd eu lliwiad unigryw. Yn ogystal, roedd gan bob un arwydd 'Police' ar eu toeon.

Ar y 1af Ebrill o'r flwyddyn hon, cafodd Heddlu'r 'Carms & Cards' ei uno â Chwnstabliaeth Canolbarth Cymru a Chwnstabliaeth Sir Benfro ac fe'i galwyd yn – Cwnstabliaeth Dyfed-Powys.

Sir Drefaldwyn 1840-1948

1840 – Ar y 27ain Mai o'r flwyddyn hon, penderfynwyd yn Llys Chwarterol Cyffredinol y Trallwng y dylid mabwysiadu darpariaethau Ddeddf Heddlu Sirol 1839. Cytunwyd i sefydlu heddlu a fyddai'n cynnwys un Prif Gwnstabl, dau Uwch-

lished in Friar's Park, Carmarthen. Four new Divisions were created, with Carmarthen, Llanelli and Ammanford covering the whole of Carmarthenshire, and Aberystwyth covering Cardiganshire. In command of each Division was a Superintendent, while Sub-Divisions had an Inspector in charge. Sub-Divisions were also divided into smaller units called Section Stations.

1960 – With the retirement of T. Herbert Lewis, OBE, John Ronald Jones – Superintendent of Mid Wales Constabulary – was appointed new Chief Constable on 1st July.

1961 – Although by April of this year the force strength had reached the establishment level of 312, it required an increase of two sergeants and forty constables to obtain maximum force efficiency. The Home Office agreed, and within a year two sergeants and ten constables were added, with the remainder following in the course of the next few years.

1966 – In the latter half of this year, white Morris 1000 vans were introduced in the rural sections, thus providing wider coverage and a more efficient district service.

1967 – In March, an experiment in Unit Beat Policing was introduced in a part of Llanelli. A Dog Section consisting of two handlers and two Alsatian dogs was also introduced, and based in Headquarters.

1968 – The successful Unit Beat Policing experiment was extended to the remainder of Llanelli, and also to Carmarthen and Aberystwyth. Eight light-blue and white Ford Anglia cars were brought into the force area, the colouring of which earned them the nickname 'Panda'. Each car was also equipped with a 'Police' roof sign.

On 1st April this year, 'Carms and Cards' Constabulary was amalgamated with Mid Wales Constabulary and Pembrokeshire Police to become Dyfed-Powys Constabulary.

Montomeryshire 1840-1948

1840 – On 27th May this year, the General Quarter Sessions at Welshpool decided to adopt the provisions of the County Police Act of 1839, and agreed to a force of one Chief Constable, two Superintendents and twelve constables. There were several candidates for the office of Chief Constable, but

arolygydd a deuddeg Cwnstabl. Cafwyd sawl ymgeisydd am swydd y Prif Gwnstabl ond, ar y 23ain Gorffennaf, penodwyd yr Uwchgapten James Newcombe. Profodd ei hun yn bennaeth llym a phenderfynol dros yr heddlu newydd, a ddaeth i fodolaeth ar y 14eg Medi. Ffurfiwyd dau Ranbarth – y cyntaf yn cwmpasu Llanidloes, Y Drenewydd, Caersws, Trefaldwyn, Machynlleth a Chemais, a'r ail yn cwmpasu Meifod, Y Trallwng, Llanfair, Llanfyllin a Llandrinio. Gwahoddwyd heddluoedd lleol Y Trallwng a Llanidloes i uno â'r Heddlu Sirol newydd ond dim ond Llanidloes dderbyniodd y cynnig.

1841 – Penodwyd wyth cwnstabl ychwanegol yn ystod y flwyddyn hon, serch hynny, ac eithrio'r Prif Gwnstabl, dim ond dwy reng arall oedd ganddynt o fewn yr heddlu, sef Uwcharolygydd a Chwnstabl. Er mwyn cryfhau ei gais am Uwcharolygydd ychwanegol, tynnodd Newcombe sylw at y ffaith ei bod yn cymeryd deuddydd i'r Uwcharolygydd yn Y Drenewydd i ymweld â'i ddynion ym Machynlleth – ymhen draw'r Rhanbarth! Un o brif dasgau'r heddlu newydd oedd gwaredu'r sir o'r lladron penffordd a arferai ymosod yn dreisgar a dwyn oddi ar y ffermwyr lleol wrth idynt deithio adref o'r farchnad. Mae'n ymddangos bod y dasg hon wedi cymeryd bron deng mlynedd i'w chwblhau'n llwyddiannus.

1843 – Tueddai Etholiadau Lleol a Dinesig ar hyd a lled y wlad arwain at ymddygiad terfysgol, ac nid oedd Sir Drefaldwyn yn eithriad yn hyn o beth. Ar sawl achlysur, bu'n rhaid defnyddio Cwnstabliaid Gwirfoddol a milwyr i gadw rheolaeth, yn ogystal â gofyn am gymorth heddluoedd cyfagos. Ar yr adeg hon, lledaenodd Terfysg y Tollbyrth (Terfysg Rebecca), a welwyd eisoes yn Sir Aberteifi a Sir Gaerfyrddin, i Ganolbarth Cymru, gan ychwanegu at broblemau'r heddlu yn ardaloedd Rhaeadr a Llanidloes.

1845 – Ar 30ain Mehefin, ymddiswyddodd yr Uwchgapten Newcombe er mwyn cymeryd swydd Prif Gwnstabl Heddlu Swydd Derby. Fe'i olynwyd gan William Baird, a oedd wedi ymuno â'r heddlu fel Uwcharolygydd.

1857 – Unodd Heddlu Bwrdeistref Y Trallwng â Chwnstabliaeth Sir Drefaldwyn o'r diwedd.

1863 – Mae'n ymddangos bod Baird, ar ryw adeg, wedi mynd i drafferthion ariannol difrifol – roedd ganddo ddyledion o £2,697. Galwyd arno i ymddiswyddo ac, ar y 14eg Ebrill, dyna a wnaeth.

1868 – Penodwyd y Dirprwy Brif Gwnstabl, yr Uwcharolygydd John Hodgson, yn Brif Gwnstabl ond, bu yntau farw yn fuan wedyn. Trosglwyddwyd yr awenau i'r Uwcharolygydd John Danily dros dro cyn iddo gael ei benodi'n swyddogol yn nes ymlaen.

1887 – Cafwyd problemau anferth ym Meifod pan gynhaliwyd Gwerthiannau Atafaelu er mwyn casglu trethi Degwm gorddyledus. Galwyd ar Heddluoedd cyfagos i gynorthwyo'r swyddogion heddlu lleol. Ymddeolodd Danily ar y 31ain Awst

the appointment was given to Major James Newcombe on 23rd July. He was to prove a fierce and resolute Chief of the force which commenced duties on 14th September. Of the two Divisions delineated, First Division comprised Llanidloes, Newtown, Caersws, Montgomery, Machynlleth and Cemmaes, while the Second comprised Meifod, Welshpool, Llanfair, Llanfyllin and Llandrinio. Welshpool and Llanidloes were invited to merge their local police forces with the new County Force, but only Llanidloes agreed to do so.

1841 – Eight additional constables were added to the strength this year, however, apart from the Chief, there were only two rank structures within the force; those of Superintendent and Constable. In support of his application for an additional Superintendent, Newcombe stated that it took two days for the Superintendent at Newtown to visit the men at Machynlleth – at the other end of his Division! A prime task of the new force was to rid the county of highwaymen, who often used considerable violence to rob farmers returning from their markets. It would seem that the task took nearly ten years to accomplish.

1843 – Local and Municipal Elections throughout most of the country tended to induce riotous behaviour, and Montgomeryshire was no exception. In many instances it became necessary to make use of Special Constables and the military, as well as seek assistance from police from adjoining forces. The Tollgate (Rebecca) Riots affecting Cardiganshire and Carmarthenshire, now spread into Mid Wales, and added to the problems in the districts of Rhayader and Llanidloes.

1845 – On 30th June, Major Newcombe resigned in order to take up an appointment as Chief Constable of Derbyshire. William Baird, who had joined the force as a Superintendent, succeeded him.

1857 – Welshpool Borough Police finally merged with Montgomeryshire Constabulary.

1863 – At some point, it appears that Baird allowed himself to get into serious financial difficulties, with debts amounting to £2,697. He was called upon to resign, which he did on 14th April.

1868 – The Deputy Chief Constable, Superintendent John Hodgson, was appointed Chief Constable, but died shortly afterwards. Superintendent John Danily was initially placed in charge until he was officially appointed later on.

1887 – Meifod experienced considerable problems when Distress Sales were conducted to recover Tithe Rents. Police from neighbouring forces were called in to assist local police at this time. Major George Avery Godfrey who had had spent a combined total of thirty-two years in the Royal Irish Regiment and Seaforth Highlanders, succeded Danily, who retired on 31st August.

ac fe'i olynwyd gan yr Uwchgapten George Avery Godfrey a oedd wedi treulio cyfanswm o ddeuddeng mlynedd ar hugain yng Nghatrawd Frenhinol Iwerddon a Chatrawd y *Seaforth Highlanders*.

1892 – Olynwyd Godfrey gan Ddirprwy Brif Gwnstabl Cwnstabliaeth Meirionydd, Robert William Hughes.

1899 – Ymddeolodd Hughes ar y 1af Awst oherwydd afiechyd ac fe'i olynwyd gan James Holland, mab y Cadfridog Holland, cyn Gomisiynydd Cyffredinol y Fyddin yn Bombai.

1914-1918 – Yn ystod y Rhyfel Byd Cyntaf, aeth pymtheg aelod o'r heddlu i ymladd dros eu gwlad a bu i ddau ohonynt, Y Cwnstabliaid George Breeze a Charles Hamer wneud yr aberth eithaf a cholli eu bywydau.

1925 – Ymddeolodd Holland ar y 30ain Medi ar ôl bod yn y gwasanaeth am chwe blynedd ar hugain, a'r Prif Gwnstabl nesaf oedd y Capten Cecil Eagles Lynch Blosse. Roedd Blosse wedi bod yn Ddirprwy Gomisiynydd Cynorthwyol gyda Heddlu Bombai ac wedi cael gyrfa anrhydeddus yn y fyddin yn ystod y Rhyfel Byd Cyntaf.

1927 – Ar 22ain Medi o'r flwyddyn hon, ymddiswyddodd Blosse er mwyn cymeryd swydd Prif Gwnstabl Cynorthwyol Heddlu Swydd Gaerhirfryn. Cymerwyd ei le gan y Capten James Evan Lloyd Williams, a oedd wedi bod yn Uwcharolygydd Rhanbarthol yn Heddlu'r India.

1931 – Erbyn mis Gorffennaf o'r flwyddyn hon, roedd Williams wedi cael ei benodi'r Brif Gwnstabl Heddlu Swydd Gaerwrangon. Rhoddwyd Cwnstabliaeth Sir Drefaldwyn yng ngofal yr Uwcharolygydd D. P. Parry dros dro. Cynhaliwyd trafodaethau ynglŷn â'r posibilrwydd o gyfuno â heddluoedd eraill megis Sir Faesyfed, Meirionydd, Sir Aberteifi a Swydd Amwythig ond ni ddaethpwyd i unrhyw benderfyniad pendant.

1932 – Enwebwyd y Capten R. A. Bush ar gyfer swydd y Prif Gwnstabl ond fe'i gwrthodwyd gan y Swyddfa Gartref ar y sail nad oedd ganddo unrhyw brofiad fel swyddog heddlu. Erbyn hyn, roedd Parry wedi bod wrth y llyw ers blwyddyn ac fe'i penodwyd yn Brif Gwnstabl.

1936 – Ymddeolodd Parry oherwydd afiechyd, ac ar y 1af Gorffennaf, penodwyd Prif Gwnstabl olaf Cwnstabliaeth Sir Drefaldwyn, sef y Capten Humphrey Clifford Lloyd, MVO, MC.

1939-1945 – Gyda dechreuad yr Ail Ryfel byd bu'n rhaid i'r heddlu ymgymryd â nifer o gyfrifoldebau ychwanegol ac, o ganlyniad, dychwelodd nifer o bensiynwyr yr heddlu i wasanaethu fel Swyddogion Heddlu Wrth-Gefn-Adeg-Rhyfel ac, yn ogystal, sefydlwyd Corfflu Heddlu Cynorthwyol y Merched.

1947 – Penodwyd y Capten Lloyd yn Brif Gwnstabl Cwnstabliaeth Sir Faesyfed, oedd yn golygu ei fod yn bennaeth ar ddau heddlu sirol.

1892 – Deputy Chief Constable of Merioneth Constabulary, Superintendent Robert William Hughes, succeeded Godfrey.

1899 – Due to ill health, Hughes resigned on 1st August, to be replaced by James Holland, the son of one time Commissioner General of the Bombay Army, General Holland.

1914-1918 – During the First World War, fifteen members of the force entered military service, and two of them, Constables George Breeze and Charles Hamer made the supreme sacrifice.

1925 – Holland retired on 30th September after twenty-six years service, and Captain Cecil Eagles Lynch Blosse became the next Chief Constable. He had previously been Deputy Assistant Commissioner of the Bombay Police, and had served with distinction with the army during the First World War.

1927 – On 22nd September this year, Blosse resigned to take up an appointment as Assistant Chief Constable with Lancashire Constabulary, and was replaced by Captain James Evan Lloyd Williams, who had served as a District Superintendent with the Indian Police.

1931 – By July of this year, Williams had been appointed Chief Constable of Worcestershire. Temporary charge of the force was then given to Superintendent D. P. Parry. Discussions took place regarding possible amalgamations with various forces, viz. Radnorshire, Merioneth, Cardiganshire and Shropshire, but no merger decisions were taken.

1932 – Captain R. A. Bush was nominated for the office of Chief Constable, but was turned down by the Home Office on account of his not having had any police service. Having been in charge for a year, Parry was appointed Chief Constable.

1936 – Due to ill health, Parry retired, and the final Chief Constable to be appointed was Captain Humphrey Clifford Lloyd, MVO, MC, on 1st July.

1939-1945 – The outbreak of the Second World War brought many extra duties to the force, and as a result, a number of police pensioners returned to serve as Police War Reserves. Women Police Auxiliaries were also introduced.

1947 – Captain Lloyd was appointed Chief Constable of Radnorshire, becoming in effect the chief of two county forces.

1948 – Yn sgil Deddf yr Heddlu 1946, unwyd heddluoedd Sir Frycheiniog, Sir Faesyfed a Sir Drefaldwyn gan ffurfio Cwnstabliaeth Canolbarth Cymru gyda'r Capten Lloyd yn Brif Gwnstabl.

**Cwnstabliaeth Canolbarth Cymru
1948-1968**

1948 – Er bod uno heddluoedd y Canolbarth wedi bod yn destun trafod ers cryn amser, daeth yn amhosib i'r tri heddlu bychan (gan gynnwys Sir Drefaldwyn) i barhau fel heddluoedd annibynnol pan ymddeolodd Prif Gwnstabliaid heddluoedd Sir Frycheiniog a Sir Faesyfed. Yn dilyn ymchwiliad cyhoeddus lle'r argymhellwyd cyfuno'r heddluoedd, cyhoeddodd yr Ysgrifennydd Cartref Orchymyn yn gorfodi'r cyfuniad, ac felly, ar y 1af Ebrill, esgorwyd ar Gwnstabliaeth Canolbarth Cymru.

Penodwyd y Capten H. C. Lloyd, CVO, MC, Cyn-brif Gwnstabl Heddluoedd Drefaldwyn a Maesyfed, yn Brif Gwnstabl ar yr heddlu newydd. Sefydlwyd Pencadlys yr heddlu newydd yn cyn bencadlys Cwnstabliaeth Sir Drefaldwyn. Roedd niferoedd swyddogion y tri heddlu ar yr adeg hon fel a ganlyn:

Sir Frycheiniog	65
Sir Drefaldwyn	47 (gan gynnwys 1 merch)
Sir Faesyfed	22
Cyfanswm	134

Ym mis Mai o'r flwyddyn hon, cyflwynodd Lloyd adroddiad i Awdurdod yr Heddlu yn gofyn am gynnydd di-oed o chwe deg yn nifer y swyddogion yn sgil twf nodedig mewn troseddu yn ystod y deng mlynedd blaenorol. Ym 1937, cyflawnwyd tua 240 o droseddau ond, erbyn y flwyddyn dan sylw, roedd y nifer wedi cynyddu i bron 1,000.

1952 – Ym mis Hydref o'r flwyddyn hon, daeth EM y Frenhines ac EFB Dug Caeredin ar ymweliad brenhinol i'r ardal i agor Cronfa Ddŵr Claerwen yn Nyffryn Elan. Roedd y mwyafrif o swyddogion Cwnstabliaeth Canolbarth Cymru yn bresennol ar yr achlysur ac, o dan y Cynllun Cydgymorth, daeth cynrychiolaeth o heddluoedd eraill gan gynnwys 240 o ddynion o heddlu Dinas Birmingham i'w cynorthwyo.

1948 – The Police Act of 1946 resulted in the forces of Breconshire, Radnorshire and Montgomeryshire being amalgamated to form the Mid Wales Constabulary, with Captain Lloyd as Chief Constable.

**Mid Wales Constabulary
1948-1968**

1948 – Although the subject of amalgamation had been on the cards for some considerable time, it was the retirements of the Chief Constables of Breconshire and Radnorshire that made it impossible for the three small forces (including Montgomeryshire) to continue independently. Following a public enquiry that recommended amalgamation, a compulsory Order was issued by the Home Secretary, and thus, on 1st April, Mid Wales Constabulary came into being. Captain H. C. Lloyd, CVO, MC, Chief Constable of both Montgomeryshire and Radnorshire Constabularies, was now appointed Chief Constable of the new force, with Headquarters now established in the former headquarters of Montgomeryshire Constabulary at Newtown. The established strengths of the three forces at this time were:

Breconshire	65
Montgomeryshire	47 (including 1 woman)
Radnorshire	22
Total	134

In May of this year, Lloyd submitted a report to the Police Authority seeking an immediate increase of sixty men due to a marked increase in crime in the previous ten years. In 1937, some 240 crimes had been committed, and by this year the figure had risen to almost 1,000.

1952 – October of this year saw a Royal visit, when HM The Queen and HRH The Duke of Edinburgh arrived to open the Claerwen Reservoir in the Elan Valley. While most of the Mid Wales force was present, other forces including a contingent of 240 men from the City of Birmingham were also present, under the Mutual Aid Agreement.

1959 – On 1st April, the Chief Superintendent of Birmingham City Police, Reginald Benbow, took over as Chief Constable following the retirement of Captain Lloyd. This

1959 – Ar y 1af Ebrill, cymerodd Prif Uwcharolygydd o Heddlu Dinas Birmingham, Reginald Benbow, drosodd fel Prif Gwnstabl yn dilyn ymddeoliad y Capten Lloyd. Fodd bynnag, achosodd y penodiad hwn broblemau oherwydd fod Awdurdod yr Heddlu eisoes wedi penodi'r Uwcharolygydd J. R. Jones o'r Drenewydd i'r swydd. Gwrthododd y Swyddfa Gartref gymeradwyo'r penodiad olaf hwn ar y sail ei fod yn benodiad mewnol. Fodd bynnag, yn ddiweddarach, gwnaed Jones yn Brif Gwnstabl dros Gwnstabliaeth Sir Gaerfyrddin a Sir Aberteifi ac yna'n Brif Gwnstabl Cwnstabliaeth Dyfed Powys.

1963 – Ar yr 11eg Tachwedd, penodwyd Richard Benjamin Thomas, Prif Uwcharolygydd a Phennaeth Seithfed Ysgol Hyfforddi'r Heddlu yn Dorchester, yn Brif Gwnstabl. Roedd hwn yn adeg pan welwyd newidiadau mawr a daeth cynnig gerbron nid yn unig i gynyddu nifer swyddogion Cwnstabliaeth Canolbarth Cymru o 213 i 238 ond hefyd i gyflogi staff swyddfa sifil ac i gaffael beiciau modur ysgafn, wedi'u ffitio â chyfarpar radio, yn y Gorsafoedd Adrannol a'r Rhagorsafoedd.

1966 – Ym mis Mai o'r flwyddyn hon, cyhoeddodd yr Ysgrifennydd Cartref ei Gynllun i Gyfuno Heddluoedd led-led y wlad.

1968 – O ganlyniad i gynigion yr Ysgrifennydd Cartref, ar y 1af Ebrill o'r flwyddyn hon, unwyd Heddluoedd Canolbarth Cymru, Sir Gaerfyrddin a Sir Aberteifi a Sir Benfro i ffurfio un heddlu mawr – Cwnstabliaeth Dyfed Powys.

Heddlu Sir Benfro 1857-1968

Er bod Deddf Heddlu Sirol 1839 wedi galluogi Ynadon y Llysoedd Chwarter i greu heddlu sirol cyflogedig, penderfynodd awdurdodau Sir Benfro i beidio â derbyn y Ddeddf ar y sail ei bod yn ddiangen, a pharhasant i benodi Uchel Gwnstabliaid ar gyfer y saith Cantref – Castellmartin, Pebidiog, Daugleddau, Cemaes, Cilgerran, Arberth a Rhos.

1840-1844 – Gwasanaethwyd y cantrefi uchod gan hyd at ddeuddeg Uchel Gwnstabl y flwyddyn.

1843 – Penderfynwyd yng nghyfarfod y Llys Chwarterol Cyffredinol y dylid rhoi dau bâr o efynnau llaw i bob Uchel Gwnstabl adeg eu penodiad. Ym mis Hydref, dinistriwyd y tollborth a'r tŷ ger Yet-y-Bylchau yn ardal Crymych. Daeth Arolygydd a hanner cant o swyddogion o Heddlu Llundain

arrangement was not without its problems, since the Police Authority had already appointed Superintendent J. R. Jones of Newtown. The Home Office refused the appointment of Jones due to his service in the same force. However, Jones later became Chief Constable of Carmarthenshire and Cardiganshire Constabulary, and subsequently the first Chief Constable of Dyfed-Powys Constabulary.

1963 – On 11th November, Richard Benjamin Thomas, Chief Superintendent and Commandant of No. 7 Police Training School, Dorchester, became the next Chief Constable. This was a time of great changes, and for Mid Wales Constabulary, it was proposed to raise the number of officers from 213 to 238, employ civilian office workers, and employ wireless-equipped, lightweight motorcycles at Section and Out Stations.

1966 – In May of this year, the Home Secretary announced his nationwide Police Amalgamation Proposals.

1968 – On 1st April this year, as a result of the Home Secretary's proposals, Mid Wales Constabulary, along with Carmarthenshire and Cardiganshire Constabulary and Pembrokeshire Police were merged into one force to become Dyfed-Powys Constabulary.

Pembrokeshire Police 1857-1968

Although the County and Police Act of 1839 enabled Justices at the Quarter Sessions to create a paid county police force, Pembrokeshire authorities decided not to adopt the Act on the basis that it was unnecessary, and continued to appoint High Constables for the seven Hundreds of Castlemartin, Dewsland, Dungleddy, Kemaes, Kilgerran, Narberth and Roose.

1840-1844 – Up to twelve High Constables served the above hundreds annually.

1843 – It was resolved at a meeting of the General Quarter Sessions that each High Constable was to be supplied with two pairs of handcuffs upon appointment. In October, Rebecca Rioters destroyed the tollgate and house near Yet-y-

ynghyd â mintai o Ddragwniaid Brenhinol i wasanaethu yn y Sir.

1844 – Daeth galwad i adolygu'r angen am heddlu gwledig, ond gwrthododd yr Ynadon ymgymryd ag unrhyw fesurau felly hyd nes y gellid dangos yn ddiamwys nad oedd modd cadw'r heddwch heb gymorth asiantaeth gostus megis heddlu gwledig. Penderfynwyd fodd bynnag i wneud i ffwrdd â'r Uwch Gwnstabliaid yn y Cantrefi a phenodi Cwnstabliaid Goruchwyliol yn eu lle, gan eu talu i gadw llygad mwy manwl ar y Cwnstabliaid Plwyf. Ar y 31ain Rhagfyr, penodwyd 14 o ddynion a rhoddwyd 4s (20c) yr wythnos iddynt ar gyfer costau lletu yn ogystal â lwfans esgidiau o 6d (2½c) yr wythnos. Derbyniodd bob un 4 pâr o efynnau llaw; 1 cleddyf; 2 lusern; 6 pastwn; 1 rhuglen; 1 côt; 1 côt fawr; 2 bâr o drowsus; 1 het; 1 clogyn o ddeunydd oeliog ac 1 pastwn lledr. Cyflwynwyd Rheolau a Rheoliadau, a phenderfynwyd darparu Tŷ Clo ym mhob un o'r Cantrefi.

1845 – Er gwaethaf y gost uchel o gynnal heddlu o'r fath, arhosodd heddlu Llundain yn y sir tan fis Hydref o'r flwyddyn hon.

1856 – Yn unol â'r Ddeddf Heddlu Sirol a Bwrdeistrefol a gyhoeddwyd yn y flwyddyn hon, gorfodwyd siroedd a bwrdeistrefi nad oeddynt hyd yn hyn wedi creu eu heddluoedd eu hunain i wneud hynny.

1857 – Yn sgil y Ddeddf hon, anfonodd yr Ynadon eu hargymhellion i'r Ysgrifennydd Cartref a sefydlwyd Heddlu Sirol Sir Benfro yn y flwyddyn hon. Penodwyd yr Uwchgapten Anthony Bowen Allen Stokes yn Brif Gwnstabl ar gyflog o £250 a lwfans ychwanegol o £25. Yn ogystal, penodwyd dau uwcharolygydd ar gyflog o £120 a lwfans o £25; pump rhingyll ar gyflog wythnosol o 23s (£1.15c); deng Cwnstabl Dosbarth 1af ar 21s (£1.05c) yr wythnos; a phymtheg Cwnstabl 2il Ddosbarth ar gyflog o 18s (90c) yr wythnos. Yn ddieithriad, gwnaed y cyn Gwnstabliaid Goruchwyliol yn Rhingylliaid a nhw felly oedd cnewyllyn yr heddlu newydd. Cyflwynwyd ymarferion hyfforddi i geisio meithrin disgyblaeth, ac roedd y rheiny'n cynnwys ymarferion trin cleddyf (cytlas) ac ymdeithio.

1858 – Ffurfiwyd cytundeb rhwng Heddlu Bwrdeistref Penfro a'r Heddlu Sirol i'r perwyl fod yr olaf yn plismona'r Fwrdeistref tra bod y Fwrdeistref yn parhau i dalu cyflog un Cwnstabl Dosbarth 1af a chwe Chwnstabl 2il Ddosbarth – oedd yn gyfystyr â chyfuniad mewn gwirionedd. Darparwyd trowsus gwynion i'w gwisgo rhwng mis Ebrill a mis Hydref, ond gwnaed i ffwrdd â'r rheiny ym 1869. Rhoddwyd gorchymyn fod rhaid i bob swyddog fynychu capel neu eglwys ac i gofnodi'r ymweliadau yn eu cofnodion wythnosol. Ni orfodwyd y gorchymyn ar ôl Ebrill 1872 pan gyflwynwyd yr arfer o gael Dyddiau Gorffwys penodol.

1873 – Ni wyddom pam, ond gorchmynnwyd y rhingylliaid i wisgo'u streipiau â'r pigyn am lawr. Roedd gan rhingylliaid

Bylchau in the Crymych area. An inspector and fifty Metropolitan Police officers along with a detachment of Royal Dragoons were placed at the disposal of the County.

1844 – Called upon to review the need for a rural police force, Magistrates declined the taking of such measures until it could be clearly demonstrated that the preservation of peace would be impossible without an expensive agency such as rural police. They did decide, however, to abolish High Constables for the Hundreds and replace them with Superintending Constables who would be paid to exercise more supervision over the local Parish Constables. On 31st December, fourteen men were appointed and given 4s (20p) per week each for lodging, and 6d (2½p) per week boot allowance. Each man was also provided with: 4 pairs handcuffs; 1 sword; 2 Lanthorns; 6 truncheons; 1 rattle; 1 coat; 1 greatcoat, 2 pairs trousers; 1 hat; 1 oilcase cape; 1 leather stock. Rules and Regulations were introduced, and Lock-up houses were to be provided in each of the Hundreds.

1845 – Despite the high cost of maintaining such a force, the London Police remained in the county until October of this year.

1856 – Under the provisions of the County and Borough Police Act of this year, those counties and boroughs that had not already done so – like Pembrokeshire – were now compelled to create their own forces.

1857 – As a result of this Act, Magistrates sent their recommendations to the Home Secretary, and Pembrokeshire County Police was established in June of this year. Major Anthony Bowen Allen Stokes was appointed Chief Constable with a salary of £250 plus £25 expenses. Also appointed were two superintendents each with a salary of £120 plus £25 expenses; Five sergeants at 23s (£1.15p) per week; Ten 1st Class Constables at 21s (1.05p) per week; and fifteen 2nd Class Constables at 18s (90p) per week. Without exception, the existing Superintending Constables became the new sergeants, and thus the nucleus of the new force. Weekly drills were introduced to engender discipline, and included sword (cutlass) and marching drills.

1858 – Pembroke Borough Police entered into an agreement with the County Police, whereby the County would police the Borough, although the Borough would continue to pay the wages for one 1st Class Constable and six 2nd Class Constables. In effect, this was a merger. White trousers were issued for wear between each April and October, but were withdrawn in 1869. Orders were issued that all officers had to attend a place of worship, and the times of doing so entered in their weekly reports. The order was not enforced after April 1872 when recognised Rest Days were introduced.

1873 – Sergeants were ordered to wear their stripe-point downwards, though the reason is not known. Full sergeants had four stripes, while 2nd Class Sergeants had three, and acting sergeants two.

llawn bedair streipen tra bod tair gan Rhingylliaid 2il Ddosbarth a dwy gan Rhingylliaid dros dro.

1883 – Diddymwyd rhengoedd y Rhingylliaid 2il Ddosbarth a'r Rhingylliaid dros dro.

1888-90 – Pan basiwyd Deddf Llywodraeth Leol 1888, unwyd heddluoedd bwrdeistrefol Hwlffordd a Dinbych-y-pysgod â'r Heddlu Sirol.

1895 – Cyhoeddwyd Gorchymyn yr Heddlu ym mis Ionawr o'r flwyddyn hon yn datgan: *'Members of the force are not to act as interpreters from English to Welsh unless called upon to do so at Assizes, Quarter Sessions or Petty Sessions'*.

1897-1907 – Darparwyd helmedau gwynion i'w gwisgo yn ystod oriau'r dydd. Ynghyd â'r helmedau, darparwyd clai gwynnu a brwsh.

1914-18 – Yn ystod y Rhyfel Mawr ymunodd dau ar hugain o aelodau â Lluoedd Ei Fawrhydi a chymerwyd eu lle tan ddiwedd y rhyfel gan Swyddogion Heddlu-Wrth-Gefn Dosbarth Cyntaf.

1926 – Ni wyddys pryd y cyflwynwyd coesarnau lledr yn y lle cyntaf ond stopiwyd eu defnyddio yn ystod y flwyddyn hon.

1938 – Gyda dyfodiad rhyfel arall, teimlwyd bod angen canoli rhai adrannau gan gynnwys yr Adran Ymchwilio i Droseddau (CID). Cyn hyn, gwnaed y gwaith ditectif gan swyddogion rheolaidd, ond gwisgent eu dillad eu hunain i gyflawni'r dyletswyddau hynny.

1939-45 – Aeth pedwar ar hugain o aelodau i wasanaethu Lluoedd Ei Fawrhydi a chymerwyd eu llefydd gan saith a deugain o swyddogion cynorthwyol (Swyddogion Heddlu Wrth-Gefn-Adeg-Rhyfel, Cwnstabliaid Gwirfoddol [a gawsai eu talu] ac aelodau o Gorfflu Heddlu Cynorthwyol y Merched).

1942 – Ffurfiwyd Adran Draffig yn y flwyddyn hon.

1968 – Yn sgil argymhellion yr Ysgrifennydd Cartref, cafodd Heddlu Sir Benfro ynghyd â Chwnstabliaeth Canolbarth Cymru a Chwnstablaeth Sir Gaerfyrddin a Sir Aberteifi (Carms and Cards) eu huno ar y 1af Ebrill yn y flwyddyn hon i ffurfio Cwnstablaeth Dyfed-Powys.

1883 – Both 2nd Class and acting sergeant's ranks were abolished.

1888-90 – On the passing of the Local Government Act of 1888, the borough forces of Haverfordwest and Tenby were merged with the County.

1895 – A Force Order was issued in January of this year, stating *'Members of the force are not to act as interpreters from English to Welsh unless called upon to do so at Assizes, Quarter Sessions or Petty Sessions'*.

1897-1907 – White helmets were issued for day wear. The issue included whitening clay and brush.

1914-18 – During the Great War twenty-two members served in HM Forces – their places taken by Police Reservists 1st Class until the end of the war.

1926 – It's not known when leather gaiters were first issued, but these were withdrawn this year.

1938 – With the advent of another war, it was thought necessary to centralise some departments, and CID became one such department. Prior to this, the work was done by uniform men in plain clothes.

1939-45 – Twenty-four members served in HM Forces – their places taken by forty-seven auxiliaries (Police War Reserves, paid Special Constables and Women Police Auxiliaries).

1942 – A Traffic Department was formed this year.

1968 – On 1st April this year, as a result of the Home Secretary's proposals, Pembrokeshire Police along with the Mid Wales Constabulary and Carmarthenshire and Cardiganshire Constabulary were merged into one force to become Dyfed-Powys Constabulary.

Sir Faesyfed 1857-1948

Cyn Deddf Heddlu Sirol 1839, a hyd yn oed am gyfnod wedi hynny, roedd plismona yn y sir yng ngofal Prif Gwnstabliaid y Cantrefi. Penodwyd deiliaid y swyddi hyn yn flynyddol gan y Llysoedd Chwarterol ac roedd gan Gantrefi Colwyn, Maesyfed, Rhaeadr, Cefnllys, Trefyclo a Chastell Paen ddau Brif Gwnstabl yr un.

1856 – Ar yr 16eg Hydref, penododd y Llys Chwarter bwyllgor i drafod ac ystyried ffurfio heddlu sirol.

1857 – Y Prif Gwnstabl cyntaf i'w benodi oedd y Capten James Drummond Telfer, RN, a gychwynnodd yn y swydd ar y 3ydd Chwefror. Roedd Telfer ar yr adeg hon hefyd yn Brif Gwnstabl Heddlu Swydd Henffordd, ond serch hynny, parhaodd y ddau heddlu i ofalu am eu trefniadau gweinyddol eu hunain. Ar yr 2il Gorffennaf, cyflwynodd y Prif Gwnstabl newydd gais i'r Llys Chwarterol am weithlu a fyddai'n cynnwys un Uwcharolygydd, dau Ringyll a chwe Chwnstabl.

1858 – Gwelwyd cynnydd yn y gweithlu yn ystod y flwyddyn hon i ddau Uwcharolygydd, dau ringyll ac un ar ddeg o gwnstabliaid ac agorwyd gorsafoedd yn Bugeildy, Bleddfa, Boughrood a Cross Gates.

1863 – Penodwyd pedwar cwnstabl ychwanegol o ganlyniad i ddatblygiad Rheilffordd Canolbarth Cymru ond fe'u diswyddwyd eto pan ddaeth y gwaith adeiladu i ben.

1868 – Ar yr 2il Ionawr, cyflwynodd Telfer ei adroddiad olaf i'r Llys Chwarterol. Fe'i olynwyd yn y swydd gan ffermwr bonedd, yr Uwchgapten Penry Lloyd. Pennwyd Mannau Cyfarfod ar ffiniau cylchoedd bît y swyddogion lle y gallent gwrdd i drafod materion plismona. Mewn rhai achosion, byddai bît swyddog cymaint ag 20 neu 30 o filltiroedd o bellter.

1873 – Olynwyd Lloyd, ar ei ymddiswyddiad, gan yr Uwcharolygydd Joseph Thompson Wheeldon o Gwnstabliaeth Sir Faesyfed. Roedd Wheeldon wedi gwasanaethu yn Heddlu Swydd Derby am ddeuddeng mlynedd a Heddlu Bwrdeistref Rochdale am saith mis cyn trosglwyddo i Gwnstabliaeth Sir Faesyfed ym 1870. Er mwyn arbed arian, roedd y Llys Chwarterol wedi gosod yr amod bod yr ymgeisydd llwyddiannus yn

Radnorshire 1857-1948

Prior to, and even beyond the County Police Act of 1839, policing of the County was under the control of the Chief Constable of The Hundreds. Such offices were annual appointments by the Quarter Sessions, with two constables for each of the Hundreds of Colwyn, Radnor, Rhayader, Cefnllys, Knighton and Painscastle.

1856 – On 16th October, the Quarter Sessions appointed a committee to consider the formation of a police force for the county.

1857 – The first Chief Constable to be appointed was Captain James Drummond Telfer RN, who took up office on 3rd February. At the same time, he also held the office of Chief Constable of Herefordshire, although both forces had their own administrative authority. On 2nd July, the new Chief made a request to the Quarter Sessions that the force consist of one Superintendent, two sergeants and six constables.

1858 – The total strength of the force rose this year to two Superintendents, two sergeants and eleven constables, and stations were opened at Beguildy, Bleddfa, Boughrood and Cross Gates.

1863 – Four additional constables were appointed due to the construction of the Mid Wales Railway, although their services were terminated at the close of construction work.

1868 – On 2nd January, Telfer presented his last quarterly report to the Quarter Sessions. A gentleman farmer, Major Penry Lloyd, succeeded him. Conference Points – which provided for the meeting of officers on the boundaries of their beats – were introduced. In some instances this could mean beats of up to 20 or even 30 miles.

1873 – Superintendent Joseph Thompson Wheeldon of Radnorshire Constabulary succeeded Lloyd upon the latter's resignation. Wheeldon had served twelve years in Derbyshire Constabulary and seven months in Rochdale Borough Force before transferring to Radnorshire Constabulary in 1870. To save money, the Quarter Sessions had made a condition that the successful candidate for the Chief Constable's job should hold the dual rank of Chief Constable and Superintendent.

dal dwy reng, sef Prif Gwnstabl ac Uwcharolygydd. O'r pedwar ymgeisydd ar y rhestr fer, dim ond dau oedd yn barod i dderbyn yr amod hwn ac, o'r ddau hynny, Wheeldon a benodwyd.

1892 – Ymddeolodd Wheeldon ac fe'i olynwyd gan John Elystan Lloyd a oedd wedi bod yn swyddog gyda Heddlu Marchogol Gogledd Orllewin Canada am bedair blynedd.

1897 – Y Prif Gwnstabl nesaf oedd y Capten Fullerton James o'r 3ydd Ffiwsilwyr Brenhinol Albanaidd. Yn ôl y sôn, roedd ei unig wybodaeth am faterion plismona yn deillio o'i gyfeillgarwch â rhai o swyddogion a rheolwyr Heddlu Midlothia a'r ffaith ei fod wedi gweithio yn swyddfa Prif Gwnstabl Caerdydd. Yn y cyfnod hwn, roedd gwaith yn mynd yn ei flaen yn Nyffryn Elan ar y gweithfeydd dŵr a fyddai'n cyflenwi dŵr i ddinas Birmingham ac reodd y datblygiadau hyn yn dodi pwysau ychwanegol ar yr heddlu. Lleolwyd swyddogion ychwanegol ar hyd llwybr y bibell dŵr o Ddyffryn Elan, trwy Nantmel, Gwystre, Froom, Dulan, Monaughty, Bleddfa a Milebrook. Crëwyd dau Ranbarth Heddluol – Rhanbarth 'A', sef yr Heddlu Sirol a Rhanbarth 'B', a gwmpasai ardal Gweithfeydd Dŵr Dyffryn Elan/Rhaeadr.

1900 – Ymddiswyddodd James i gymeryd swydd fel Prif Gwnstabl Heddlu Northumberland. Penodwyd yr Uwchgapten, yr Anrhydeddus Charles Edward Walsh, ail fab y Barwn Ormathwaite, yn Brif Gwnstabl, dros dau ar hugain o ymgeiswyr eraill. Dychwelodd y Cwnstabliaid Thomas Higgins a Richard Lloyd, a oedd wedi ymuno â Lluoedd Arfog EM yn ystod y Rhyfel yn erbyn y Boeriaid (1899-1901).

1904 – Ymwelodd Eu Mawrhydi y Brenin Edward VII a'r Frenhines Alexandra â Dyffryn Elan i agor gweithfeydd dŵr Birmingham. Yn ystod yr ymweliad Brenhinol, cynorthwywyd yr un ar bymtheg o blismyn lleol gan 400 o swyddogion o Heddluoedd Llundain a Dinas Birmingham yn ogystal â nifer o swyddogion o Cwnstabliaeth Sir Frycheiniog.

1909 – Cwblhawyd y gwaith adeiladu yng ngweithfeydd dŵr Dyffryn Elan/Birmingham a diddymwyd y ddau Ranbarth Heddluol a grëwyd ar ddechrau'r gwaith. Bu farw'r Prif Gwnstabl Walsh, a chynigodd y Swyddfa Gartref bod Prif Gwnstabl Henffordd yn cymeryd y swydd, a fyddai'n golygu adfer y trefniadau a wnaed ym 1857, a hynny'n arwain at gyfuniad llwyr y ddau heddlu. Fodd bynnag gwrthododd y cydbwyllgor sefydlog y cynnig a chafodd y swydd ei hysbysebu. Llwyddodd yr Uwchgapten Harold Hickman, DSO, o Gyffinwyr De Cymru i drechu dros ddeugain o ymgeiswyr eraill a sicrhau'r swydd.

1914-1918 – Dododd y Rhyfel Mawr bwysau enfawr ar heddlu bychan Sir Faesyfed, yn enwedig pan gollwyd yr Uwchgapten Hickman, a ymunodd â'r Gwarchodlu Cymreig yn 1915 ac a laddwyd ar faes y gad ym mis Medi o'r flwyddyn honno. Ymunodd pum cwnstabl arall â lluoedd EF. Cymerwyd drosodd oddi wrth Hickman gan yr Uwcharolygydd Richard Jones a oedd wedi'i ddyrchafu trwy'r rhengoedd.

Of the four candidates short-listed, only two accepted the condition, but it was Wheeldon who was appointed.

1892 – Wheeldon retired and was replaced by John Elystan Lloyd, who had served in the Royal North West Mounted Police in Canada for four years.

1897 – Captain Fullerton James of the 3rd Royal Scots Fusiliers became the next Chief Constable, although it was said that his police experience was based on his acquaintance with the officers and management of Midlothian Constabulary, and that he had also worked in the offices of Cardiff's Chief Constable. The construction of Birmingham's waterworks in the Elan Valley at this time, created much extra work for the force, and additional officers were posted along the pipeline from the Elan Valley through Nantmel, Gwystra, Froom, Dulan, Monaughty, Bleddfa and Milebrook. Two Police Divisions were created – the County Force being designated 'A' Division, and the Elan Valley Waterworks/Rhayader District designated 'B' Division.

1900 – James resigned to take up an appointment as Chief Constable of Northumberland. Major, the Hon. Charles Edward Walsh, second son of Baron Ormathwaite, was appointed new Chief Constable over twenty-two other applicants. Constables Thomas Higgins and Richard Lloyd who had enlisted in HM Armed Services during the Boer War (1899-1901), returned to service.

1904 – Their Majesties King Edward VII and Queen Alexandra visited the Elan Valley to open the Birmingham waterworks. 400 Metropolitan and City of Birmingham Police supplemented sixteen Radnorshire and a number of Breconshire Constabulary Officers during the Royal visit.

1909 – With the completion of the Elan Valley/Birmingham waterworks, the two Police Divisions that had been created at the start of the work were dispensed with. Upon the death of Chief Constable Walsh, the Home Office proposed that the Chief Constable of Hereford be installed, which meant that the arrangement of 1857 would mean amalgamation in its fullest sense. The Standing Joint Committee rejected the proposal and advertised the vacancy. Major Harold Hickman, DSO, of the South Wales Borderers secured the office over forty other applicants.

1914-1918 – The period of the Great War placed a heavy burden on Radnorshire's small police force, especially with the loss of Major Hickman, who joined the Welsh Guards in 1915 and was killed in action in September of that year. Five other constables also joined HM Forces. Superintendent Richard Jones, who had risen from the ranks, replaced the departing Chief Constable.

1922 – Jones retired on 31st July, having served for 34 years. Arthur Stanley Michael of Swansea Borough Police succeeded him.

1922 – Ymddeolodd Jones ar yr 31ain Gorffennaf, ar ôl 34 blynedd yn y gwasanaeth. Penodwyd Arthur Stanley Michael o Heddlu Bwrdeistref Abertawe yn ei le.

1939-1945 – Estynnwyd cyfrifoldebau'r Prif Gwnstabl trwy ei wneud yn Rheolwr Rhagofalon Cyrchoedd Awyr. Penodwyd Swyddogion Heddlu Wrth-Gefn-Adeg-Rhyfel ychwanegol – saith ar gyfer dyletswyddau bît a thri ar ddeg i warchod Dyffryn Elan. Gadawodd dau o'r swyddogion parhaol i ymuno â Lluoedd EF.

1945 – Ar 31ain Mawrth, ymddeolodd Michael ar ôl deugain mlynedd yng ngwasanaeth yr heddlu a chymerodd yr Arolygydd A. E. Williams drosodd fel Prif Gwnstabl. Ymddeolodd Prif Gwnstabl Sir Frycheiniog ar yr un adeg ac, unwaith eto, codwyd y posibilrwydd o gyfuno'r ddau heddlu.

1947 – Yn dilyn ymchwiliad cyhoeddus lle'r argymhellwyd cyfuno'r ddau heddlu, cyhoeddodd yr Ysgrifennydd Cartref Orchymyn yn gorfodi'r cyfuniadau. Pennwyd y Capten H. C. Lloyd, CVO, MC, yn Brif Gwnstabl dros Heddluoedd Sir Drefaldwyn a Sir Faesyfed.

1948 – Ar yr 31ain Mawrth, darfu'r heddlu lleiaf ym Mhrydain Fawr, oedd â dau ar hugain o swyddogion yn unig, wrth i Gwnstabliaeth Sir Faesyfed fynd yn rhan o Gwnstabliaeth Sir Drefaldwyn.

**Cwnstabliaeth Dyfed-Powys
1968-1974**

1966-1968 – O ganlyniad i Gynllun yr Ysgrifennydd Cartref i Gyfuno Heddluoedd (1966), cynhaliwyd trafodaethau hirfaith rhwng Awdurdodau Heddluoedd Sir Benfro, Canolbarth Cymru (gan gynnwys Siroedd Faesyfed, Drefaldwyn a Brycheiniog) a Sir Gaerfyrddin a Sir Aberteifi.

1968 – Daethpwyd i gytundeb yn y diwedd ynglŷn â'r telerau ar gyfer cyfuniad gwirfoddol ac, o ganlyniad, ar y 1af Ebrill yn y flwyddyn hon, esgorwyd ar Gwnstabliaeth Dyfed Powys. Penodwyd Cyn-brif Gwnstabl y 'Carms and Cards', J. R. Jones, yn Brif Gwnstabl dros yr heddlu newydd a oedd bellach yr heddlu mwyaf, o ran maint daearyddol, ym Mhrydain Fawr – estynnai dros 2,705,244 o erwau ac eto roedd poblogaeth yr ardal yn llai na hanner miliwn. Penodwyd R. B. Thomas, Cyn-brif Gwnstabl Cwnstabliaeth Canolbarth

1939-1945 – The Chief Constable was given the added responsibility of Air Raid Precautions Controller. The force was given an increase of War Reserves – seven for beat duties and thirteen for protection of the Elan Valley. Two members of the 'regular' force left to serve with HM Forces.

1945 – On 31st March, Michael retired after forty years of police service, and Inspector A. E. Williams took over as Chief Constable. With the retirement also of the Chief Constable of Breconshire, the question of amalgamation was again raised.

1947 – Following a public enquiry in which amalgamation was recommended, the Home Secretary issued a compulsory Order for amalgamation. Captain H. C. Lloyd, CVO, MC, became Chief Constable of both Montgomeryshire and Radnorshire Forces.

1948 – On 31st March, the smallest police force in Great Britain with only twenty-two men, ceased to exist, as Radnorshire Constabulary became part of Mid Wales Constabulary.

**Dyfed-Powys Constabulary
1968-1974**

1966-1968 – Subsequent to the Home Secretary's Police Amalgamation Proposals of 1966, lengthy negotiations took place between the Police Authorities of Pembrokeshire, Mid Wales (incorporating the Counties of Radnorshire, Montgomeryshire and Breconshire), and Carmarthenshire and Cardiganshire.

1968 Agreement was eventually reached on the terms of voluntary amalgamation, the result of which was the formation and birth of Dyfed-Powys Constabulary on 1st April this year. The former Chief Constable of 'Carms and Cards' Constabulary, J. R. Jones, was appointed Chief Constable of the new force, which geographically, became the largest police area in Great Britain with 2,705,244 acres, and a population of less than half-a-million. R. B. Thomas, for-

Cymru, yn Ddirprwy Brif Gwnstabl. Adeg y cyfuniad, roedd gweithluoedd y tri heddlu fel a ganlyn:

'Carms & Cards'	402 (gan gynnwys 16 WPC)
Canolbarth Cymru	235 (gan gynnwys 7 WPC)
Sir Benfro	183 (gan gynnwys 12 WPC)
Cyfanswm	820

Yn ogystal â'r Swyddogion a oedd wedi trosglwyddo i'r heddlu newydd, roedd ganddo 31 cadlanc, 107 o staff sifil llawn amser a 37 o sifiliaid rhan amser. Sefydlwyd Pencadlys ar gyfer yr heddlu newydd ym Mharc y Brodyr, Caerfyrddin, sef cyn Bencadlys yr hen 'Carms & Cards'.

**Heddlu Dyfed-Powys
1974–**

1974 – Ar 1af Ebrill, daeth Deddf Ffiniau Llywodraeth Leol i rym ac aeth y chwe sir o fewn ardal Cwnstabliaeth Dyfed Powys yn ddwy: Dyfed (yn cynnwys Siroedd Caerfyrddin, Aberteifi a Phenfro), a Phowys (sef Siroedd Brycheiniog, Drefaldwyn a Maesyfed). Yn y flwyddyn hon, newidiwyd enw'r llu i Heddlu Dyfed Powys.

merly Chief Constable of Mid Wales Constabulary, became Deputy Chief Constable. The respective strengths of the forces upon amalgamation were:

'Carms and Cards'	402 (including 16 WPC's)
Mid Wales	235 (including 7 WPC's)
Pembrokeshire	183 (including 12 WPC's)
Total	820

In addition to the Police Officers transferred into the new force, there were also 31 cadets, 107 civilian employees and 37 part time civilians. The existing Headquarters of 'Carms and Cards' Constabulary in Friar's Park, Carmarthen, now became Headquarters of the new force.

**Dyfed-Powys Police
1974–**

1974 – On 1st April, the Local Government Boundary Act came onto force, and the six counties covered by Dyfed-Powys Constabulary were reduced to two: Dyfed (the Counties of Cardiganshire, Carmarthenshire and Pembrokeshire), and Powys (Breconshire, Montgomeryshire and Radnorshire). At this time, Force Headquarters was transferred to Llangunnor, Carmarthen, and the name of the force was changed to Dyfed-Powys Police.

Prif Gwnstabliaid

Sir Frycheiniog

E. R. Gwyn	1857-1905
Capten W. M. Thomas	1905-1907
Capten A. S. Williams	1907-1911
Is-gyrnol C. G. Cole-Hamilton, MC, DSO	1911-1947
Yr Uwchgapten W. Ronnie	1947-1948

Sir Ceredigion

Capten W. C. Freeman	1844-1876
Yr Uwchgapten C. B. Lewis	1876-1890
H. Evans	1891-1903
E. Williams	1904-1921
S. Jones	1922-1938
Capten J. J. Lloyd-Williams, MC	1939-1943
W. J. Jones	1944-1957

Sir Gaerfyrddin

Capten R. A. Scott	1843-1875
W. Phillips	1875-1908
W. P. Phillips	1908-1940
T. H. Lewis	1940-1958

Carms & Cards

T. H. Lewis, OBE	1958-1960
J. R. Jones, O. St. J., QPM	1960-1968

Sir Drefaldwyn

Uwchgapten J. W. Newcombe	1840-1845
W. Baird	1845-1863
J. Danily	1868-1887
Uwchgapten G. A. Godfrey	1887-1892
R. W. Hughes	1892-1899
W. J. Holland	1899-1925
Capten C. E. L. Blosse	1925-1927
Capten J. E. Lloyd-Williams, MC	1927-1931
D. P. Parry, MBE	1932-1936
Capten H. C. Lloyd, CVO, MC	1936-1948

Canolbarth Cymru

Capten H. C. Lloyd, CVO, MC	1948-1959
R. E. G. Benbow	1959-1963
R. B. Thomas	1963-1968

Chief Constables

Breconshire

E. R. Gwyn	1857-1905
Capt. W. M. Thomas	1905-1907
Capt. A. S. Williams	1907-1911
Lt. Col. C. G. Cole-Hamilton, MC, DSO	1911-1947
Maj. W. Ronnie	1947-1948

Cardiganshire

Capt. W. C. Freeman	1844-1876
Maj. C. B. Lewis	1876-1890
H. Evans	1891-1903
E. Williams	1904-1921
S. Jones	1922-1938
Capt. J. J. Lloyd-Williams, MC	1939-1943
W. J. Jones	1944-1957

Carmarthenshire

Capt. R. A. Scott	1843-1875
W. Phillips	1875-1908
W. P. Phillips	1908-1940
T. H. Lewis	1940-1958

Carms and Cards

T. H. Lewis, OBE	1958-1960
J. R. Jones, O. St. J., QPM	1960-1968

Montgomeryshire

Maj. J. W. Newcombe	1840-1845
W. Baird	1845-1863
J. Danily	1868-1887
Maj. G. A. Godfrey	1887-1892
R. W. Hughes	1892-1899
W. J. Holland	1899-1925
Capt. C. E. L. Blosse	1925-1927
Capt. J. E. Lloyd-Williams, MC	1927-1931
D. P. Parry, MBE	1932-1936
Capt. H. C. Lloyd, CVO, MC	1936-1948

Mid Wales

Capt. H. C. Lloyd, CVO, MC	1948-1959
R. E. G. Benbow	1959-1963
R. B. Thomas	1963-1968

Sir Benfro

Cyrnol A. B. O. Stokes	1857-1879
Capten T. I. Webb-Owen	1879-1906
F. T. B. Summers	1907-1933
Capten A. T. N. Evans OBE., QPM	1933-1958
G. W. R. Terry	1958-1965
A. Goodson, LL.B	1965-1968

Sir Faesyfed

Capten J. D. Telfer, RN	1857-1868
Yr Uwchgapten P. Lloyd	1868-1873
J. T. Wheeldon	1873-1892
J. E. Lloyd	1892-1897
Capten F. James	1897-1900
Yr Uwchgapten C. E. Walsh	1900-1909
Yr Uwchgapten H. H. Bromfield	1909-1915
R. Jones	1915-1922
A. S. Michael	1922-1945
Arolygydd A. E. Williams (Dros Dro)	1945-1947
Capten H. C. Lloyd, CVO, MC	1947-1948

Bwrdeistref Caerfyrddin

J. Evans (Rhan Amser)	1832-1832
J. Lazenby	1832-1836
J. Morris	1836-1836
J. Hall	1836-1837
J. Pugh	1837-1843
N. Martin (Dros Dro)	1843-1843
H Westlake	1843-1844
E. Young	1844-1847
J. G. Hill	1847-1848
S. Kentish	1848-1870
Capten D. I. Browne-Edwardes	1871-1876
F. D. Lewis	1876-1876
G. James	1877-1887
T. Smith	1887-1911
A. K. Mayal	1912-1917
H. Hilton	1918-1918
W. H. Evans	1918-1947

Dyfed-Powys

R. Jones, CVO, O. St. J., QPM	1968-1974
R. B. Thomas, CBE, QPM, FBIM	1974-1986
D. J. Shattock, O. St. J., QPM	1986-1989
R. White, O. St. J., QPM, CIMgt	1989-2000
T. Grange, QPM, MSc	2000-2007

Noder: Ac eithrio Bwrdeistref Caerfyrddin (a restrir uchod) roedd gan y mwyafrif o fwrdeistrefi uchafswm o tua chwe swyddog oedd yn golygu nad oedd arnynt angen Prif Gwnstabl. Yn aml iawn, Uwch Gwnstabl y Plwyf neu'r Cantref fyddai'r prif swyddog; mewn bwrdeistrefi eraill rhoddwyd i'r swyddog goruchwyliol y teitl – Uwcharolygydd, Pen-gwnstabl neu Ringyll. Beth bynnag oedd teitl yr uwch swyddog, roedd yn atebol i Bwyllgor yr Heddlu.

Pembrokeshire

Col. A. B. O. Stokes	1857-1879
Capt. T. I. Webb-Owen	1879-1906
F. T. B. Summers	1907-1933
Capt. A. T. N. Evans, OBE, QPM	1933-1958
G. W. R. Terry	1958-1965
A. Goodson, LL.B	1965-1968

Radnorshire

Capt. J. D. Telfer, RN	1857-1868
Maj. P. Lloyd	1868-1873
J. T. Wheeldon	1873-1892
J. E. Lloyd	1892-1897
Capt. F. James	1897-1900
Maj. C. E. Walsh	1900-1909
Maj. H. H. Bromfield	1909-1915
R. Jones	1915-1922
A. S. Michael	1922-1945
Insp. A. E. Williams (Acting)	1945-1947
Capt. H. C. Lloyd, CVO, MC	1947-1948

Carmarthen Borough

J. Evans (Part Time)	1832-1832
J. Lazenby	1832-1836
J. Morris	1836-1836
J. Hall	1836-1837
J. Pugh	1837-1843
N. Martin (Acting)	1843-1843
H Westlake	1843-1844
E. Young	1844-1847
J. G. Hill	1847-1848
S. Kentish	1848-1870
Capt. D. I. Browne-Edwardes	1871-1876
F. D. Lewis	1876-1876
G. James	1877-1887
T. Smith	1887-1911
A. K. Mayal	1912-1917
H. Hilton	1918-1918
W. H. Evans	1918-1947

Dyfed-Powys

J. R. Jones, CVO, O. St. J., QPM	1968-1974
R. B. Thomas, CBE, QPM, FBIM	1974-1986
D. J. Shattock, O. St. J., QPM	1986-1989
R. White, O. St. J., QPM, CIMgt	1989-2000
T. Grange, QPM, MSc	2000-2007

Note: With the exception of Carmarthen Borough (listed above) the majority of boroughs comprised around six officers at most, and thus did not warrant having a Chief Constable. The senior officer was often the 'High Constable' of the Parish or Hundred; in some boroughs the supervising officer was the Superintendent, Head Constable or Sergeant. Whichever officer was in charge was answerable to the Watch Committee.

Celloedd a Thai Clo'r Heddlu

Heddiw, mae gan y mwyafrif o orsafoedd heddlu Ddalfa, sef y man lle y cedwir pobl sydd wedi eu harestio tra bod yr heddlu'n cynnal ymholiadau, neu'r rheiny sy'n disgwyl cael eu rhyddhau neu eu trosglwyddo i'r llys. Gall maint y ddalfa amrywio o un hyd at ddwsin neu fwy o gelloedd, gyda phob un yn cydymffurfio â'r Safonau a bennir gan y Swyddfa Gartref.

Nid felly yr oedd pethau ers llawer dydd. Cyn dyfodiad y gwasanaeth heddlu 'modern' yn 1829, gallai cell fod yn unrhyw beth o ddaeargell dywyll, laith a brwnt mewn castell canoloesol i le llawn cynddrwg yng Ngorsaf y Gwyliwr a fyddai fel arfer yn ffinio â wal y dref neu Swyddfa'r Maer.

Y Gwyliwr oedd rhagflaenydd yr heddwas cyfoes, a'i waith ef oedd agor a chau gatiau'r dref, cynnau a diffodd goleuadau'r dref ac arestio unrhyw un a fyddai'n torri'r gyfraith. Gan amlaf byddai cell yng ngorsaf y gwyliwr yn cynnwys un ystafell heb fod o unrhyw faint arbennig gyda ffenestr fechan di-wydr â bariau arni wedi ei gosod mewn wal allanol. Gorchuddid y llawr fflagenni â haenen denau o wellt tra bod y 'gwely' yn ddim mwy na sach gywarch arw wedi ei llenwi â gwellt. Gan amlaf ni cheid unrhyw gyfleusterau iechydol nac ymolchi ar wahân i fwced i'r carcharor anffodus wneud ei fusnes. Roeddynt yn llefydd afiach gan eu bod gan amlaf yn llaith ac yn fyw o lygod mawr a fermin eraill. Cadwyd at yr un dyluniad ar gyfer drysau'r celloedd am ganrifoedd; fe'u gwnaed o estyll derw cadarn wedi eu dal at ei gilydd gan gleddyf metel gyda bolltau trwyddynt. Gallai'r carcharor a'i warchodwr weld ei gilydd trwy gril metel yn y drws a bwriad y clo mawr trwm oedd sicrhau'r diogelwch eithaf.

Oes Fictoria

Gyda dyfodiad yr heddluoedd rheoledig a'r arfer a ddaeth yn sgil hynny o droi tai cyffredin yn orsafoedd heddlu, cafwyd rhywfaint o safoni o ran edrychiad y celloedd. Roeddynt serch

Police Cells and Lock-ups

Nowadays, most police stations have what is commonly known as a Custody Suite – a place where someone under arrest is held temporarily, pending enquiries, imminent release or transfer to court. The suite may contain anything from a single cell to a dozen or more, and each one conforming to Home Office Standards.

It was not always like this, for before the emergence of the 'modern' police in 1829, a cell could be anything from a dark, dank and filthy mediaeval period castle dungeon to an equally forbidding cell in the Watchman's Post that usually abutted the town walls or Mayor's Office.

The Watchman was the forerunner of the modern police officer, and it was his job to open and close the town gates, light and douse the town lighting and arrest anyone breaking the law. The cell in his post was normally a single room of varying size, having one small, open, barred window set high on the outer wall. The floor was usually of flagged stone covered with wisps of straw, while the 'bed' was nothing more than a coarse hemp sacking filled with straw (palliasse). In most cases there were no sanitary or washing arrangements other than perhaps a pail (bucket) in which the unfortunate prisoner could relieve him or herself. It was a most unhealthy place as it was usually damp and crawling with rats and other vermin.

Cell doors had not changed in hundreds of years and were basically constructed from stout oak planks held together by metal braces bolted through. A metal, barred grill allowed the prisoner and guard to view each other, while a large, heavy lock ensured the maximum security of the time.

The Victorian Period

With the arrival of regulated police forces and the subsequent conversion of houses into police stations, a limited form of cell standardisation took place, although they could vary

hynny yn dal i amrywio cryn dipyn oherwydd gwnaed y gwaith gan adeiladwyr lleol a hynny o fewn cyfyngiadau cyllidebol yr heddlu lleol. Byddai cell arferol yn mesur oddeutu deng troedfedd wrth wyth troedfedd gyda nenfwd cromennog. Byddai'r paneli gwydr bychain a thrwchus yn darparu golau yn ogystal â diogelwch; ceid aer trwy awyr-dyllau yn y wal a disodlwyd y fatras gwellt gan blinth concrit tua deng modfedd o uchder gyda haenen o estyll pren yn ei gorchuddio gan roi gwely ychydig yn lanach – ond llai cyfforddus – i'r carcharorion gysgu arno. Mewn rhai gorsaf-oedd ychwanegwyd gobennydd pren hefyd. Ni fwriadwyd erioed i'r carcharorion fod yn gyfforddus, fodd bynnag, roedd y Fictoriaid yn gwerthfawrogi sut y gallai amodau afiach gael effaith andwyol ar iechyd y carcharor a'r gwarcheidwad fel ei gilydd. Nid peth anghyffredin felly oedd gweld bwced trochion a basn ymolchi ym mhob cell. Nid oedd trydan ar gael yn eang yn yr oes honno, felly nwy glo oedd y dull arferol o oleuo'r celloedd. Gosodwyd panel gwylio bychan wedi'i oleuo gan fantell nwy yn wal flaen y mwyafrif o gelloedd, fel yr un y gellir ei weld heddiw yn Nhŷ'r Castell, Caerfyrddin. Lle y ceid dwy gell neu fwy, byddent fel arfer wedi'u rhifo mewn rhyw ffordd neu'i gilydd.

Gwelwyd newidiadau mawr yn nrysau'r celloedd hefyd, ac er nad oeddynt yn dilyn patrwm penodol roedd yna debygrwydd rhyngddynt. Yn gyffredinol, roeddynt yn llai trwchus na'r hen ddrysau derw canoloesol, a dodwyd haenen denau o dun neu blatiau dur ar o leiaf un ochr. Roedd gan rai dwll agored ar gyfer pasio bwyd trwyddo tra bod gan eraill orddrws bychan a gedwid ar gau. Roedd gan y mwyafrif – os nad pob un – dwll sbïo ac arno orchudd a ddefnyddid gan y gwarcheidwad i gadw llygad ar y carcharor. Yn y llun cyntaf (chwith uchod) gwnaed y drws Fictoraidd hwn o baneli pren trwm gyda phlatiau dur 3mm ar yr ochr fewn tra bod y drws Edwardaidd (dde uchod) wedi ei orchuddio ar yr ochr fewn â phlatiau dur 2mm. Hongianwyd rhai drysau ar golfachau ymyl syml, tra bod y colfachau yn rhedeg o dop y drws bob

enormously as they were generally constructed by local contractors working to a police budget. A typical cell would most probably have been about ten feet by eight, and invariably have a vaulted ceiling. Small, thick glass panels provided light as well as security; vents in the wall provided ventilation; and instead of palliasses, low concrete plinths of around ten inches in height with a top layer of wooden laths provided a more hygienic – if less comfortable – bunk on which to sleep. In some stations a wooden pillow was also added. It was never intended that prisoners should be made comfortable, however, the Victorians realised that unsanitary conditions could be detrimental to the health of both prisoner and guard. It was therefore not uncommon for each cell to have a slop bucket and wash basin *in situ*. Electricity was not at this time universally available, so coal gas was the usual means of lighting. Most cell frontages had a small observation panel inserted into the wall, and this was lighted by means of a gas mantle such as in Castle House, Carmarthen. Where there were two or more cells, these would often be numbered in one way or another.

Cell doors also underwent a minor transformation, and although not adhering to any strict pattern, nevertheless conformed to a style. In general they were thinner than the old mediaeval oak doors, and faced – at least on one side – with thin tin sheeting or steel plates. Some had open hatches in order for food to be passed through, while others had sealed hatches. Most – if not all – had a covered peephole through which the guard could view the prisoner. In the first image (above left) the Victorian door has been constructed of heavy wood panelling with 3mm steel plating on the inside, while the second (above right) Edwardian door has been panelled differently and covered on the inside with 2mm steel plating. In some instances the doors were hung by simple butt hinges, while in others the hinges ran the full length of the door. In due course, as more and more stations were custom-built, many doors were built into the founda-

cam i'r gwaelod ar rai eraill. Gydag amser, wrth i fwyfwy o orsafoedd pwrpasol gael eu hadeiladu, gosodwyd y drysau yn sownd wrth y seiliau trwy gyfrwng pinnau trwchus ar y top a'r gwaelod; yn ogystal â bod yn golyn ansymudol, roedd y rhain yn ffordd effeithiol o ddal pwysau'r drysau.

Oes Fictoria, ac Ers Hynny

Wrth i'r cyfnod Fictoraidd fynd yn ei flaen, adeiladwyd fwyfwy o orsafoedd i ateb y galw lleol; er enghraifft, byddai tref ddiwydiannol fawr yn debygol o weld mwy o droseddu na thref fach wledig ac felly byddai'r nifer o gelloedd oedd eu hangen hefyd yn fwy. Rhaid oedd i'r Prif Gwnstabliaid ystyried y cyfyngiadau cyllidol ac felly byddai ansawdd y celloedd – ynghyd â gosodiadau'r celloedd a'r drysau – yn adlewyrchu'r arian a warid. Defnyddid prif orsafoedd nifer o drefi fel canolfannau cadw ar gyfer carcharorion a fyddai'n cael eu hebrwng o un sir i'r llall. Defnyddid y Tai Clo Sirol yn y modd hwn hefyd a teg fyddai dweud bod y rheiny wedi cael eu defnyddio'n amlach na'r gorsafoedd mewn pentrefi bychain am eu bod fel arfer wedi'i lleoli mewn trefi mwy o faint ac yn agosach at brif reilffyrdd. Er enghraifft, roedd Tŷ Clo Caerfyrddin drws nesaf i'r Carchar Sirol ac o fewn ychydig gamau i Lys yr Ynadon ac felly, yn cael ei ddefnyddio bron yn gyson.

Wrth i drefi dyfu mewn maint yn sgil twf diwydiannol yr oes – mwyngloddio oedd un o'r diwydiannau mwyaf yn y rhanbarthau Cymreig – does fawr syndod fod nifer o orsafoedd wedi gorfod ehangu. Daeth aflonyddwch yn beth ddigon cyffredin yn ardaloedd y glofeydd ac, o ganlyniad, adeiladwyd celloedd ychwanegol i ddelio â'r cynnydd mewn torcyfraith. Ymhlith y gorsafoedd a adeiladwyd neu a ehangwyd i ddelio â'r cynnydd hwn oedd Rhydaman a adeiladwyd ym 1903. Ychwanegwyd at ddiogelwch yr orsaf hon trwy osod gât i rannu ardal y celloedd wrth weddill yr orsaf a dodwyd platiau dur ar ddwy ochr drysau'r celloedd yn ogystal. Yn yr orsaf Edwardaidd hon, gosodwyd rheiddiaduron ym mhob cell i'w cynhesu ond, yn fwy arwyddocaol, adeiladwyd ystafell ymolchi ym mhen draw'r coridor. Pe bai troseddwr yn troi'n dreisgar tra'i fod allan o'i gell, roedd yn dal i fod yn ddiogel y tu mewn i'r gât. Llawer yn hwyrach – yn yr un modd â'r mwyafrif o gelloedd ar draws y wlad – gosodwyd toiledau a chyfleusterau ymolchi ym mhob cell.

Nid oedd hyd yn oed y cymunedau clòs yn yr ardaloedd glofaol gwledig yn ddiogel rhag aflonyddwch, ac roedd gan yr orsaf yn y llun isod ei 'suite' o ddwy gell, sydd erbyn heddiw yn deilwng o'r disgrifiad 'prydferth'. Cawsant eu hadeiladu â Bricsen goch lefn Trimsaran, a oedd yn eithriadol o galed

tions by means of heavy pins top and bottom; these provided excellent support for the heavy load as well as being an immovable pivot.

The Victorian Period and Beyond

As the Victorian era progressed, more police stations were built to reflect the local requirements; for example a large industrial town would almost certainly produce a different level of criminal activity than a small rural town, therefore the number of cells required would also differ. Chief Constables had to be mindful of their budgetary constraints, so the quality of stations – along with cell and door furniture – reflected the amount of money spent. Main stations in many towns also became holding centres for prisoners under escort passing from one county to another. County Lock-ups were often used in this way, so it would be fair to say that they were more commonly used than small village stations since they were in larger towns and generally close to a main railway. Carmarthen Lock-up, for example was next door to the County Gaol and within a few steps from the Magistrates Court. Therefore, it would be in almost constant use.

Not surprisingly, many stations found it necessary to expand as towns grew bigger through industrialisation – mining being one of the largest of industries in the Welsh regions. Unrest in the mining areas became commonplace, and as a result additional cells were built to cater for the upsurge in criminality. Amongst those stations built or extended to cope with the increase was this one at Ammanford, built in 1903. Here, the station has been given added security by the inclusion of a dividing gate, and the cell doors have been steel plated on both sides. In this Edwardian version, heating by means of radiators, has been added to each cell. More significantly, a washroom has been added at the end of the corridor. Should a prisoner turn violent, he was still contained within the gated area. Much later – as with the vast majority of cells across the nation – toilets and washing facilities were included within the cell itself.

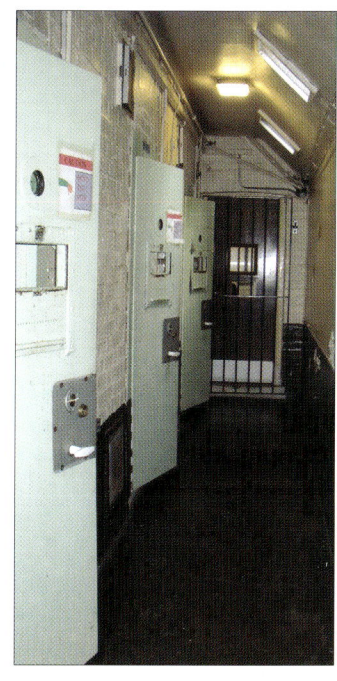

Even small, rural mining communities were not immune from unrest, and the station shown below had its own 'suite' of two cells that, today, may be legitimately termed as being 'beautiful', since it was built from a smooth red Trimsaran Brick that was extremely hard, but had attractive rounded corners. The fairly standard windows on the corridor side did not ignore the security, as similar to Ammanford, the block was separated from the station by a lockable door. This station was also Edwardian, but has the benefit of electric heaters placed high on the wall. Undoubtedly, these were added later in the century, along with an electric bell-push for the inmate

ac hefyd yn cynnwys brics cornel crwn a deniadol. Er mai ffenestri lled sylfaenol oedd yn y wal rhwng y celloedd a'r coridor ni anghofiwyd am ddiogelwch oherwydd, yn yr un modd â Rhydaman, roedd uned y celloedd wedi'u rhannu wrth weddill yr orsaf gan ddrws cloëdig. Roedd yr orsaf hon hefyd yn perthyn i'r oes Edwardaidd, ond roedd ganddi'r fantais o wresogyddion trydan wedi eu gosod yn uchel ar y waliau. Heb os, cafodd y rhain ynghyd â'r botwm cloch trydan, y gallai'r carcharor ei wasgu i alw gwarcheidwad yr orsaf, eu hychwanegu yn ddiweddarach yn y ganrif. Noder y ffenestr fwaog, sy'n nodweddiadol iawn o'r cyfnod, ar ben draw'r coridor yn ogystal â'r ail ddrws cloëdig.

Gwelwyd nifer o newidiadau i'r gwasanaeth plismona, gorsafoedd yr heddlu a'r dalfeydd yn ystod yr unfed ganrif ar hugain. Serch hynny, mae nifer o'r gorsafoedd heddlu a adeiladwyd yn yr oesoedd Fictoraidd ac Edwardaidd yn dal i gael eu defnyddio hyd heddiw, ac mae hynny'n dipyn o syndod efallai o gofio'r newidiadau a gyflwynwyd yn sgil Deddfau Hawliau Dynol, Iechyd a Diogelwch, ac ati. Yn y mwyafrif o achosion, moderneiddiwyd y celloedd yn unol â deddfwriaeth newydd; ond dim ond yn y gorsafoedd mwyaf modern y mae'r celloedd yn hollol gyfoes.

Maent yn dal i fod yn llefydd anghysurus ac annymunol; fel rheol maent yn cynnwys basin ymolchi a thoiled dur distaen; maent wedi'u goleuo'n dda ac mae'r gwres yn gyfforddus; ac fe'u cedwir yn loyw lân er gwaethaf y graffiti a'r difrod a wnaed gan ambell letywr. Serch hynny, erys y drysau'r un fath – â'u haenen ddur, twll sbïo, gorddrws bychan sy'n cau'n glep – ac nid oes modd eu hagor ond o'r tu allan!

Os ydych chi y darllenydd yn ddigon ffodus i allu dewis eich llety am y nos, fe'ch cynghorir i ddewis gwesty da, neu well fyth, eich cartref eich hunan!

to call the station guard. Note the almost standard arched window at the end of the corridor, and the secondary door.

The 21st century has witnessed many changes in policing, police stations and custody suites. Nevertheless, it may come as something of a surprise – particularly in the light of changes regarding Human Rights, Health & Safety and etc. – that so many police stations built during the Victorian and Edwardian periods are still in use. In most cases, cells have been modernised to keep pace with legislation; but only in the most modern of stations have cells kept up with the times.

They are still stark, uncomfortable and unpleasant places; they usually have fixed stainless steel wash-hand basins and toilets; they are well lit and of ambient temperature; and they are maintained in a spotlessly clean condition despite the graffiti and damaged caused by some inmates. Nevertheless, the doors are still steel plated, still have peepholes and 'slamable' hatches, and can only be opened from the outside!

If you, the reader, are fortunate enough to have the choice of a place to stay overnight, you would be well advised to choose a good hotel, or even better, your own home!

Mae Curadur Amgueddfa Heddlu Dyfed-Powys wedi cyflwyno cannoedd o ddyddiaduron a llyfrau cofnodion y gwasanaeth plismona i Archifdy Cyngor Sir Gaerfyrddin, Teras Waundew, Caerfyrddin

    Mae rhai o'r dyddiaduron hynny yn dyddio'n ôl i'r cyfnod pan ffurfiwyd Cwnstabliaeth Sir Gaerfyrddin ym 1843, ac yn rhoi golwg ar fywyd plismona yn yr ardal. Maent ar gael i'w harchwilio gan unrhyw un sy'n ymchwilio i hanes yr heddlu lleol.

The Curator of Dyfed-Powys Police Museum has placed hundreds of police station diaries and occurrence books, relative to the area, in the Carmarthenshire County Archives, Richmond Terrace, Carmarthen.

    These diaries date from the formation of the Carmarthenshire Constabulary in 1843, and offer a fascinating insight into the life and times of policing in the area. They are freely available to anyone wishing to conduct research into various aspects of local police history.